한복 인형옷 만들기

한복 인형옷 만들기

2019년 2월 20일 1판 1쇄 발행
2021년 3월 2일 1판 4쇄 발행

지은이 김경민
인형 리페인팅 김태기

펴낸이 김현표
본부장 최진선
편집 추은희
디자인 신정민
사진 7층 스튜디오

펴낸곳 **미진사**
주소 서울시 마포구 동교로 134 미진빌딩 7층
전화 02-336-6084
팩스 02-338-5391
이메일 mijinsa@mijinsa.com
홈페이지 www.mijinsa.com
등록번호 제2020-000032호

ISBN 978-89-408-0577-0 [13630]
값 19,000원

한복 인형옷 만들기

파올라레이나, 베이비돌, 블라이스의 청초한 한복 패션

김경민 지음

미진사

머리말

인형은 참 예뻐요.
한복도 참 예쁘고요.
이 둘이 만났으니 얼마나 예쁠까요.

세계화의 영향으로 사람들의 생활양식이 서로 비슷해지고 있습니다. 의상 또한 마찬가지인데요. 과거에는 한국의 한복, 중국의 치파오, 일본의 기모노 등 나라별로 의복의 개성이 뚜렷했지만, 일상복이 강조되기 시작하면서 옷의 형태가 점점 유사해졌습니다. 아름다운 우리의 한복이 계속 남아 있기를 바라는 마음으로 이 책을 썼습니다. 인형을 통해 전통의 한복과 현대의 공예가 조화롭게 만나 새로운 놀이의 장이 마련되기를 바랍니다.

인형 의상은 단순히 모든 부분을 같은 비율로 축소해서 만드는 미니어처 의상과는 조금 다릅니다. 의상을 통해 여러분이 가지고 있는 인형의 특징을 살려주는 것이 포인트예요. 강조하고 싶은 부분의 면적을 넓게 하거나 소재와 색을 다르게 사용해보세요. 또는 의상에 부분적인 장식을 달아줌으로써 여러분의 사랑스러운 인형을 더욱 돋보이게 할 수도 있어요.

한국적인 소재와 현대적인 소재, 세련된 간색間色과 오방색의 강렬한 정색正色을 서로 믹스 매치하여 다양한 스타일의 한복을 만들어보면 어떨까요? 이 책에 소개된 인형 외에 비슷한 크기의 다른 인형에게도 예쁜 한복을 만들어주세요. 여러분의 개성이 듬뿍 담긴 인형 한복을 만들 수 있기를 응원할게요. 나아가 우리 한복의 우아한 매력에도 푹 빠진다면 더할 나위 없이 좋겠습니다.

2019년 2월 김경민

이 책에는 색동저고리를 입은 파올라레이나,
당의로 멋을 낸 베이비돌,
머리에 댕기를 드리운 블라이스가 등장해요.
생각보다 한복이 훨씬 잘 어울리는 모습에
깜짝 놀라게 될 거예요.

차례

인형 리페인팅: 김태기

풀치마

만드는 방법 … 40쪽

사폭바지 + 남자 색동저고리

만드는 방법 … 46쪽(사폭바지), 66쪽(남자 색동저고리)

민저고리

(꽃무늬 원단)

만드는 방법 … 52쪽

반회장저고리

만드는 방법 … 60쪽

인형 리페인팅: 김태기

당의

만드는 방법 … 74쪽

두루마기

만드는 방법 … 84쪽

인형 리페인팅: 김태기

전복+복건

만드는 방법 … 92쪽(전복), 98쪽(복건)

인형 리페인팅: 김태기

조바위

만드는 방법 … 104쪽

배씨댕기

만드는 방법 … 108쪽

댕기

만드는 방법 … 110쪽

만들기 전에

바느질에 서툴더라도 걱정하지 마세요.
필요한 재료부터 옷감 다루는 법, 기초 바느질 방법,
패턴 기호 읽는 법까지 담았거든요.
조금 어려울 수 있는 한복 용어도
꼼꼼하게 표기해 놓았습니다.

도구와 재료

❶ **시접자** 시접선이나 평행선을 그을 때 사용해요. 특히 방안 눈금이 표시되어 있는 투명한 플라스틱 자는 일정한 간격으로 시접선을 긋고 치수를 읽기에 편리하답니다. 옷의 크기에 따라 적당한 길이와 넓이의 시접자를 선택하세요.

❷ **축도자** 1/4, 1/5로 축소시켜 패턴을 제도할 경우에 사용하며, 직각자와 곡자를 겸하고 있어요.

❸ **곡자** 고대, 도련, 배래 등 곡선이 있는 부위를 그릴 때 사용해요.

❹ **커팅 매트** 재단칼로 원단을 자를 때 바닥에 깔면 칼자국이 나지 않아요.

❺ **원형 재단칼(로터리 커터)** 둥근 형태의 칼날이 회전하면서 원단을 잘라줍니다. 얇고 부드러운 원단을 깔끔하게 자를 수 있고, 여러 장의 원단을 겹쳐서 자를 수도 있어요.

❻ **줄자** 치수를 재거나 곡선의 길이를 측정할 때 사용해요. 너무 딱딱한 종류는 피하는 것이 좋답니다.

❼ **다리미** 시접을 정리하거나 원단의 구김을 펼 때 사용합니다. 인형옷의 시접을 다릴 때는 폭이 좁고 납작한 인두형이 편리해요.

❽ **초크** 재단선을 표시할 때 사용해요.

❾ **스냅** 풀리기 쉬운 고름의 보조 역할을 해줘요.

❿ **클립** 구멍이 생기기 쉬운 원단을 고정할 때 실크핀 대신 사용해요. 원단의 끝단을 고정할 때도 유용하답니다.

⓫ **실크핀** 2장 이상의 원단을 서로 고정할 때 사용해요.

⓬ **핀셋** 시침한 실을 뽑을 때 사용해요.

⓭ **봉제용 헤라** 단의 완성선이나 시접을 꺾을 때 사용합니다. 얇은 원단에 힘을 강하게 주면 원단이 상할 수 있으니 주의해야 해요.

⑭ **리퍼** 바느질 솔기를 뜯을 때 사용해요.

⑮ **송곳** 단 끝의 각진 부분을 다듬을 때 사용해요.

⑯ **바늘** 재봉틀을 사용할 때는 9~11호가 적당하고, 손바느질에는 6~9호가 좋아요.

⑰ **골무** 손바느질할 때 검지나 중지손가락에 끼워 사용하면 손가락을 보호할 수 있어요

⑱ **겸자** 바느질한 부분을 뒤집을 때 또는 창구멍으로 원단을 빼낼 때 사용해요.

⑲ **쪽가위** 실을 자르거나 실밥을 정리할 때 사용해요.

⑳ **실** 옷감의 종류와 두께, 색에 맞추어 사용해야 합니다. 재봉틀을 이용할 경우에는 60수 2합, 60수 3합의 폴리에스테르사나 코아사가 좋고, 손바느질을 할 때는 견사가 적당하답니다.

㉑ **제도용 가위** 패턴을 자를 때 사용해요.

㉒ **재단 가위** 원단을 자를 때 사용하며, 제도용 가위와는 구별해야 해요.

㉓ **올풀림 방지액** 재단한 원단의 가장자리 올이 풀리지 않도록 해줘요.

㉔ **풀** 동정심감을 원단에 고정할 때 사용해요.

㉕ **문진** 원단을 재단할 때 패턴이 움직이지 않도록 눌러주는 역할을 해요.

㉖ **열펜** 원단에 선을 그릴 때 사용하며, 다리미 열을 가하면 지워져요. 선이 가늘어 바느질선을 정확하게 표시할 수 있어요.

㉗ **핀쿠션** 바늘이나 시침핀을 보관할 때 사용해요.

㉘ **시침실** 흰색의 굵은 면사로, 2장 이상의 천이 밀리지 않도록 임시로 고정할 때 사용해요.

한복의 옷감

○ 옷감의 특징

한복은 옷 자체의 장식보다는 직물 자체가 가지고 있는 광택, 색상, 무늬 등으로 아름다움을 표현합니다. 현대의 옷감 무늬는 장식적인 기능이 큰 반면, 전통 직물은 무늬에 상징적 의미를 담고, 그 무늬를 아름답게 배열하여 소재로 사용하였습니다. 옷감에 주로 표현되는 무늬로는 식물 무늬, 동물 무늬, 기하학 무늬 등이 있으며, 수복壽福, 강녕康寧, 부귀富貴 등 길상어문吉祥語文*에는 인간의 희망과 염원이 담겨 있습니다. 이렇게 표현된 무늬는 곧 옷감의 명칭으로 불립니다.

*길상의 뜻을 담은 한자를 기하학적으로 표현한 문양

한복에서는 겹으로 된 바느질 방법이 많이 사용되기 때문에 창구멍으로 쉽게 뒤집을 수 있고, 작은 사이즈의 인형에 입히고 벗기기 수월한 원단이 좋습니다. 뻣뻣한 느낌의 원단보다는 부드러운 실크나 60수 이상의 얇은 면을 추천합니다. 안감은 겉감보다 얇고 가벼운 것이 좋으며, 색상은 겉감과 같은 색이나 보색을 주로 사용합니다. 심감은 겉감의 형태를 보정하는 역할을 하므로 겉감과 같은 계열의 원단을 선택하세요. 이 책에서는 노방을 사용하였습니다.

○ 옷감의 종류

인형 한복의 원단은 무늬의 크기가 작고 간격이 좁은 것을 선택해야 인형 크기와 비례해서 어색함이 없습니다. 인형 한복에 사용하면 좋을 옷감을 몇 가지 소개합니다.

십장생문十長生紋 거북, 사슴, 학, 소나무, 대나무, 불로초, 바위, 물, 구름, 해 등의 10가지 오래 사는 사물을 모아 조화로운 무늬를 만든 비단 옷감입니다.

숙고사熟庫紗 무늬가 있는 얇은 직물의 하나로 지금도 흔하게 사용되는 전통 옷감입니다. 무늬는 주로 원형의 수壽, 희喜, 자字와 덩굴에 달려 있는 호리병이 배열된 형태입니다.

운문사雲紋紗 하늘에 떠 있는 구름 무늬는 신분 상승의 상징으로, 전통 복식에서는 남성의 옷에 많이 사용되었습니다.

국사菊紗 평직 바닥에 꼬임 조직으로 무늬가 짜여 있는 봄, 여름용 옷감을 말합니다.

진주사眞珠紗 마름모 무늬가 연결되어 있는 옷감으로, 마름모의 네 끝점에 작은 꽃무늬가 사방으로 배열된 모양이 마치 진주가 연결된 것처럼 보인다고 하여 '진주사'라고 부릅니다.

오색단五色緞 날실 1올과 씨실 4올의 5색실을 직조한 이중직의 두꺼운 옷감으로, 겨울용 옷에 많이 사용됩니다.

모본단模本緞 가을, 겨울용 옷감으로 부귀와 풍요를 상징하는 모란 문양이 드물게 있고, 아름다운 광택이 나는 것이 특징입니다.

장지단障子緞 전통적인 창살 문양을 기하학적으로 표현한 옷감으로, 다소 두꺼운 편입니다.

도류단桃榴緞 복숭아꽃과 석류 무늬를 조합하여 짠 비단 옷감을 말합니다.

명주明紬 문양이 없고 평직으로 짠 좁은 폭의 옷감으로 다른 견직물에 비해 올이 굵은 편입니다.

노방潞方 누에고치에서 뽑아낸 후 정련하지 않은 실을 평직으로 짠 옷감입니다. 촉감이 빳빳하며 두께가 얇아서 여름용 옷이나 안감으로 많이 사용됩니다.

면綿 요즘은 꽃무늬의 면직물을 이용한 저고리나 생활 한복이 많은데, 인형의 크기가 작을수록 두께가 얇은 면을 사용하는 것이 좋습니다.

옷감 다루기

○ 올 바로잡기

옷감은 여러 공정을 거쳐 직조되는데, 이 과정에서 옷감이 비틀어지거나 늘어나 형태가 변형되는 경우가 있습니다. 따라서 바느질하기 전에 옷감을 정리해줄 필요가 있습니다.

먼저 날실(세로실)과 씨실(가로실)의 올을 바로 잡아줘야 하는데요. 옷감을 대각선 방향으로 잡아당겨 늘여준 다음, 날실과 씨실이 직각으로 교차되게 잡아주면 됩니다. 옷감이 비뚤어진 경우에는 비뚤어진 역방향으로 잡아당겨 올을 바로 잡아준 다음 다리미로 다려서 정리해주세요.

식서 부분이 너무 조밀하게 짜여 오그라든 경우에는 사선으로 가위집을 넣어서 바르게 하고, 반대로 식서가 늘어져 있으면 습기를 준 후 다리미로 눌러서 올을 잡아주세요.

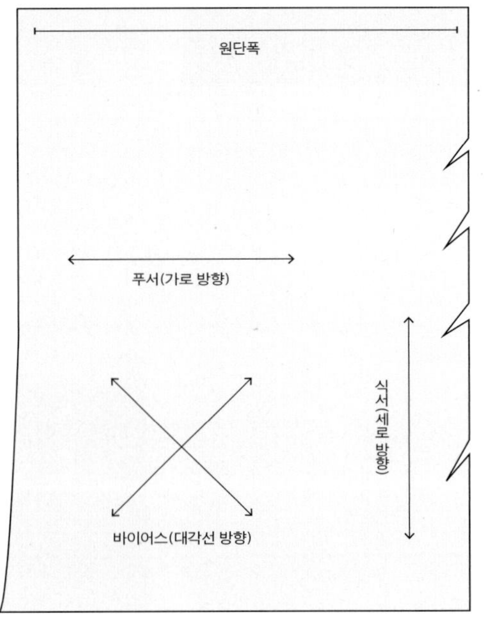

○ 다림질하기

다림질은 마름질하기 전 옷감의 순비부터 실제 옷을 만드는 바느실, 완성 후 마무리 단계까지 한복 만들기의 모든 과정에서 가장 중요하다고 할 수 있습니다.

재단하기 전 옷감에 수분을 가한 후 다림질을 해주세요. 이는 이후 바느질 과정에서 수축이 일어나지 않도록 하기 위함입니다. 면직물은 고온(170~210℃)에서, 견직물과 폴리에스테르, 레이온은 중온(130~150℃)에서 다려줍니다.

시접을 다림질할 때는 시접을 넘기기 전에 바느질한 완성선을 먼저 다려준 다음, 시접을 꺾어 다시 다림질해주세요. 겉감과 안감을 함께 박은 솔기는 겉감 쪽으로 0.1cm 넘어가게 꺾어서 다림질해야 겉에서 박음질한 실이 보이지 않아 깔끔하답니다. 광택이 많은 옷감이나 금박을 찍은 옷은 위에 얇은 원단을 덧댄 후 다림질해주세요. 그래야 광택을 유지하고 원단의 손상도 방지할 수 있어요.

마지막으로 옷을 완성하고 난 후에는 전체적인 실루엣을 잡아가면서 다림질을 해주면 형태를 고정시킬 수 있답니다.

패턴 기호 읽는 법

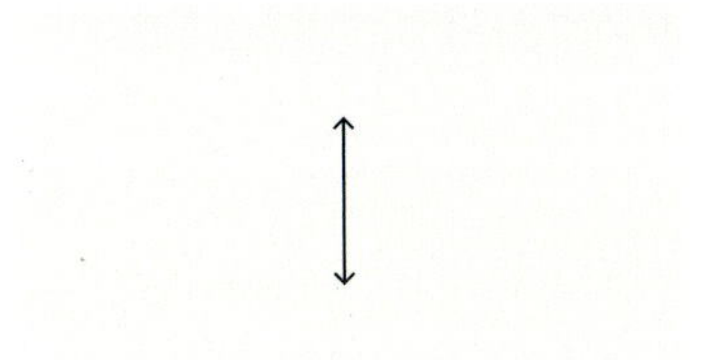

식서(올 방향) 옷감의 올 방향을 표시하며, 대부분 이 방향으로 패턴을 그립니다.

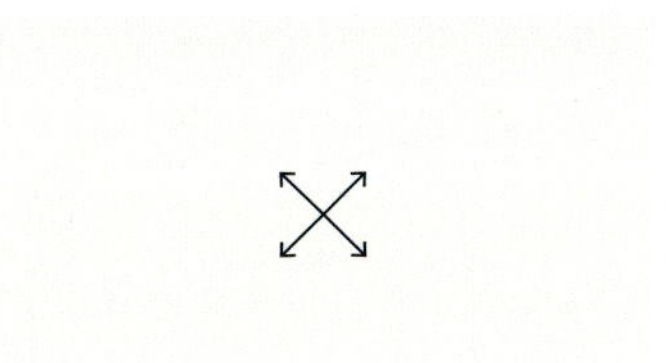

바이어스 45° 방향을 표시하며, 옷감이 가장 잘 늘어나요.

완성선(박음질선) 패턴에서 가장 바깥쪽의 굵은 실선으로, 옷감이 연결되는 선이자 옷의 완성 윤곽선을 말해요.

실선(안내선) 완성선보다 얇은 실선으로, 기초선 또는 안내선이라고도 합니다.

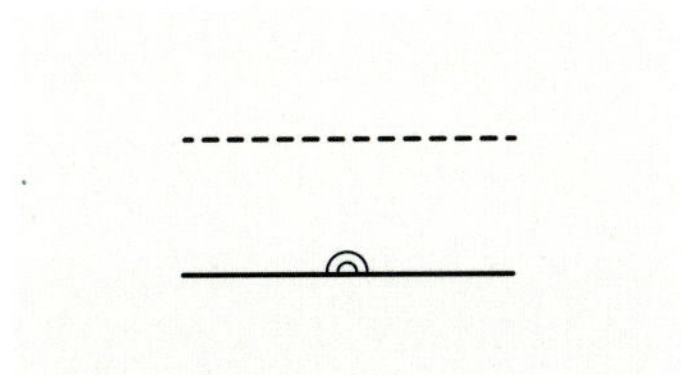

골선 중심을 기준으로 좌우, 앞뒤가 동일한 패턴을 나타내거나 접는 선을 표시해줍니다.

안단선 안단을 바느질하는 위치를 나타내요.

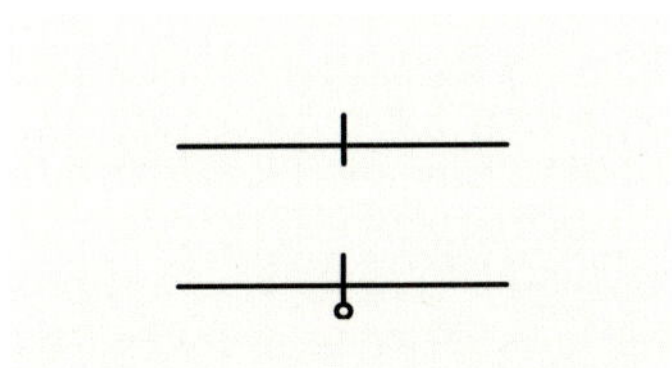

중심표시 2장 이상의 옷감을 서로 겹쳐 바느질할 때 옷감이 어긋나지 않도록 맞춰줍니다.

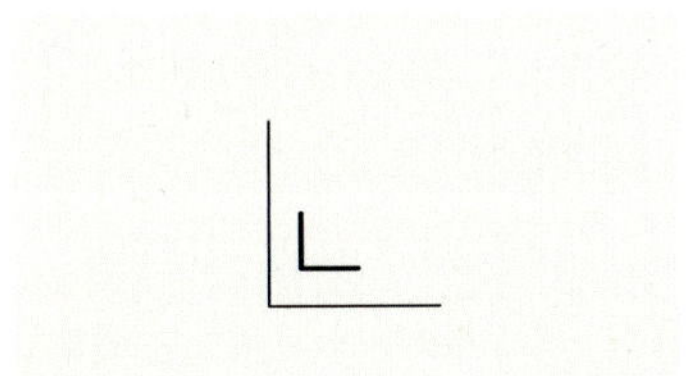

직각표시 90° 직각이 되는 부분을 나타내요.

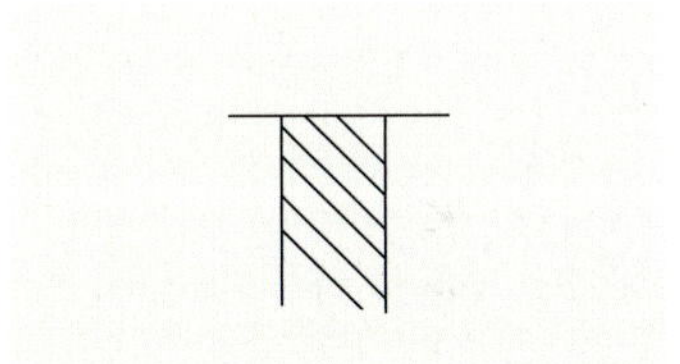

주름 한복을 만들 때는 한쪽으로 주름이 잡히는 외주름을 많이 사용해요. 사선(빗금 표시)의 높은 쪽에서 낮은 쪽으로 접어 주름을 만듭니다.

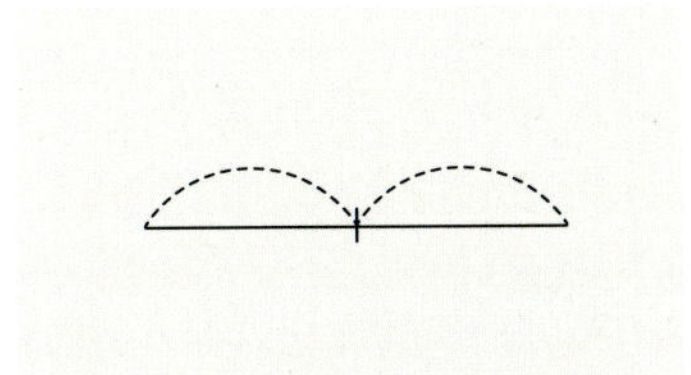

등분선 등분해야 할 곳을 표시해요.

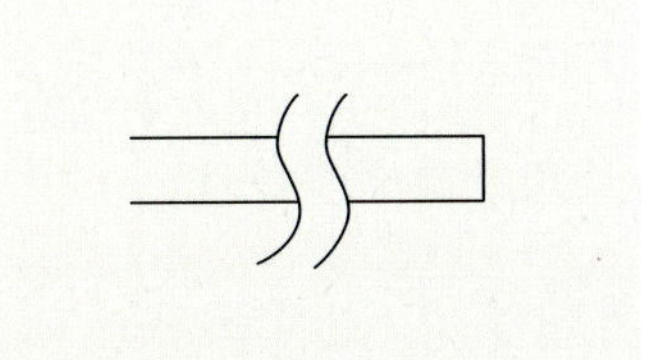

길이(중간)생략 고름이나 끈의 길이를 패턴상에 생략하여 표시하고 완성 치수를 적어줍니다.

기초 바느질

○ 실 다루기

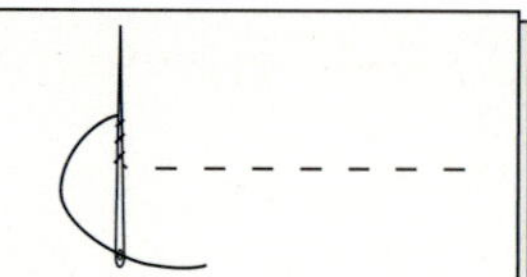

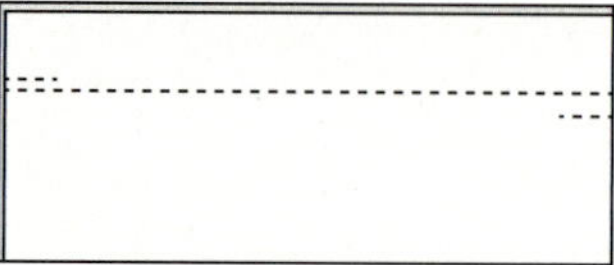

실매듭 짓기 바느질을 시작할 때 바늘에 실을 꿴 후 실 끝을 바늘에 2~3번 감은 다음 바늘을 빼서 매듭을 짓습니다. 끝날 때는 끝나는 부분에 바늘을 대고 실을 2~3번 감은 다음, 감은 실을 원단 바닥으로 가볍게 누른 상태에서 바늘을 빼면서 매듭지어주세요.

실 잇기 중간에 실이 모자라면 기존 실과 새로 시작하는 실을 4~5땀 정도 겹치게 하여 바느질하세요. 인형옷 같은 얇은 원단에 바느질할 경우에는 매듭을 짓는 것보다 이 방법이 더욱 효과적이랍니다.

되돌아 박기 재봉틀을 이용하여 바느질할 때는 시작과 끝 부분에 4~5땀 정도 '되돌아 박기'를 해주면 실이 풀리는 것을 방지할 수 있어요.

○ 바느질하기

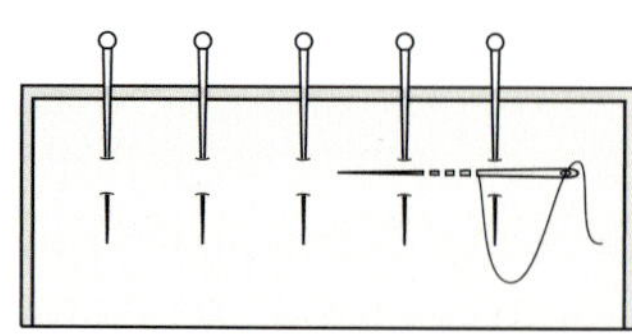

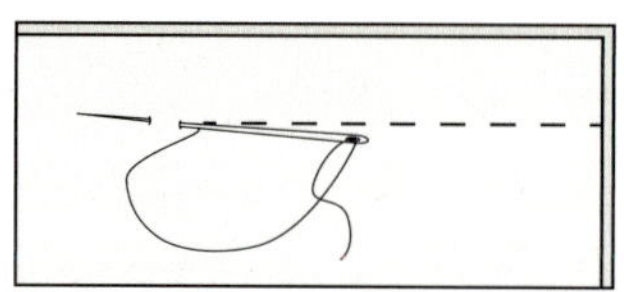

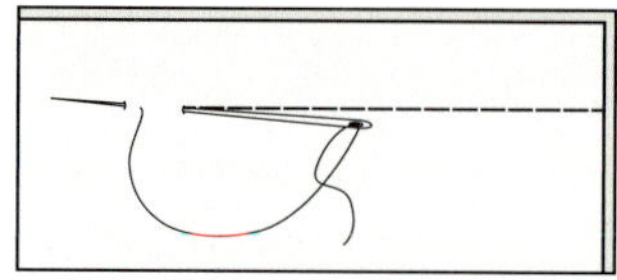

핀시침 2장의 원단을 박음질하기 전에 임시로 고정시키는 역할을 합니다. 핀을 꽂을 때는 완성선에 직각 방향이 되도록 하세요.

홈질 가장 기초가 되는 바느질 방법으로, 바느질했을 때 겉과 안이 같은 모양이 됩니다.

온박음질 바늘 한 땀 크기만큼 완전히 뒤로 돌아와서 뜨는 것으로, 가장 튼튼한 손바느질입니다. 옷 만들기에서 많이 사용하는 방법이기도 하고요.

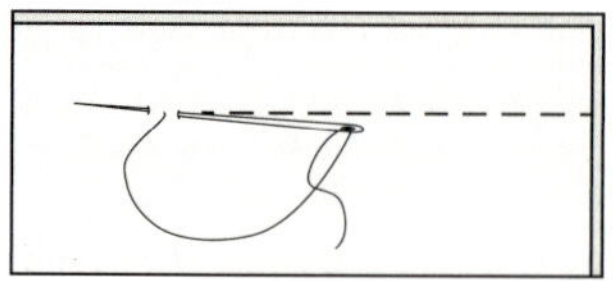

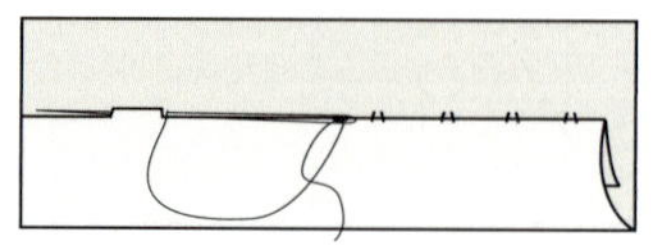

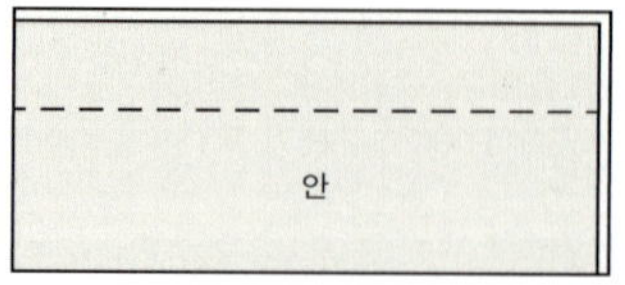

반박음질 온박음질과 거의 동일하되, 바늘땀을 반만 뒤로 돌아와서 뜨는 것을 말합니다.

공그르기 단 처리에 많이 사용되는 방법으로, 바탕천을 1올 뜨고 단 사이로 0.5cm 뜨기를 반복합니다. 바탕천을 1올만 뜨기 때문에 겉에서 실땀이 거의 보이지 않아요.

숨뜨기 동정이 들뜨지 않게 가장자리를 살짝 뜨는 것을 말해요. 겉에서는 바느질 선이 보이지 않지만, 안에서는 반박음질의 형태를 띱니다.

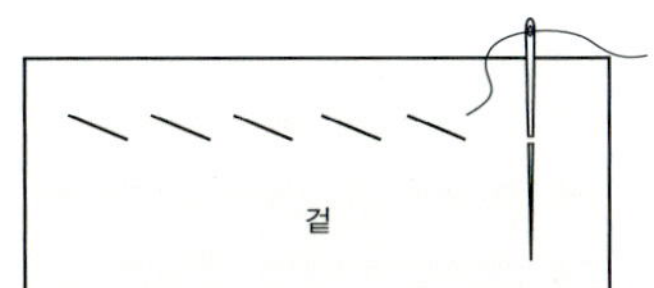

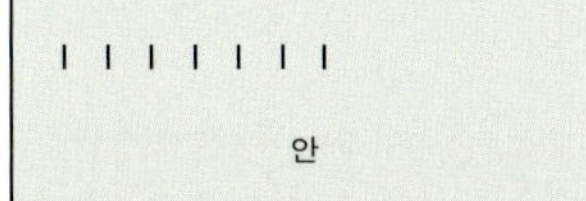

어슷시침 깃을 달 때 주로 사용하는 방법으로, 2장의 원단이 서로 밀리지 않게 고정해줍니다. 겉에서는 사선으로 보이고, 안에서는 완성선에 직각 방향이 되는 것이 특징입니다.

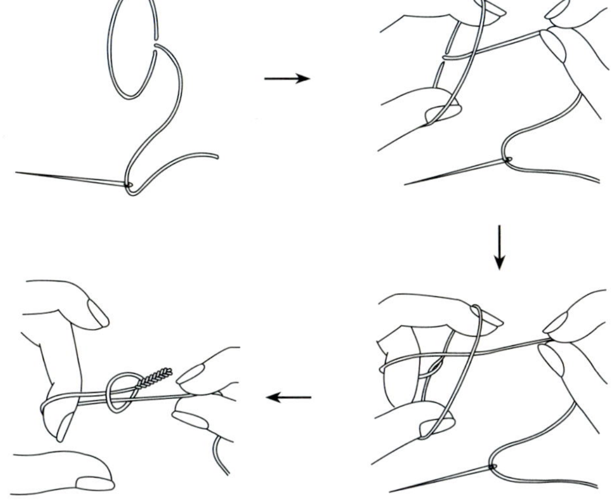

사슬뜨기 전복에 단추를 매달거나 단추 고리를 만들 때 사용해요. 굵은 실이나 여러 겹의 실을 매듭짓고 안에서 밖으로 뺀 다음, 다시 한 번 같은 위치에 바늘을 넣어주세요. 그리고 엄지와 검지로 고리를 만들고 반대손으로 실을 잡아 빼서 새로운 고리를 만들어줍니다. 이 과정을 완성 치수까지 반복한 다음, 고리 사이로 바늘에 걸린 실을 끝까지 잡아 빼서 매듭을 지으면 마무리됩니다.

○ 솔기 처리하기

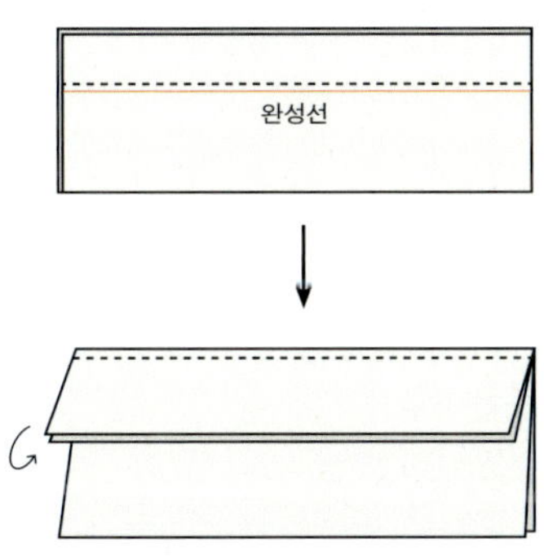

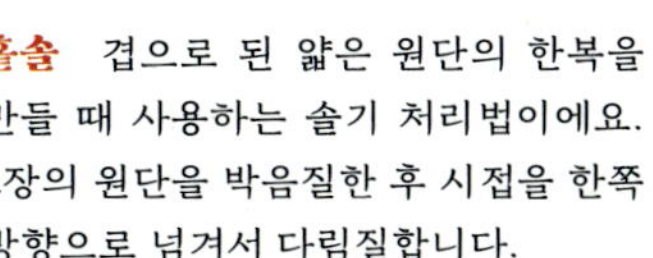
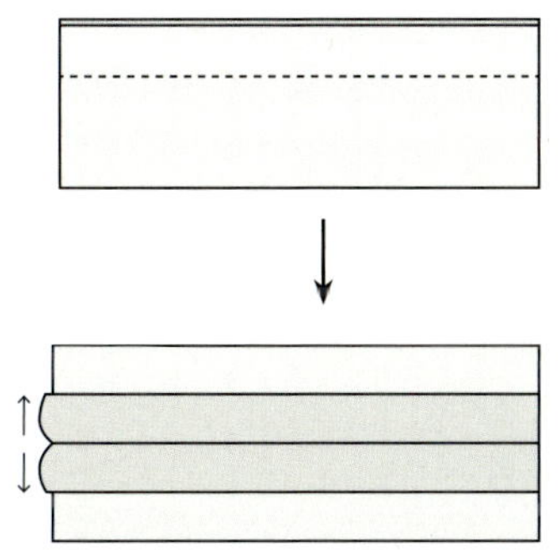
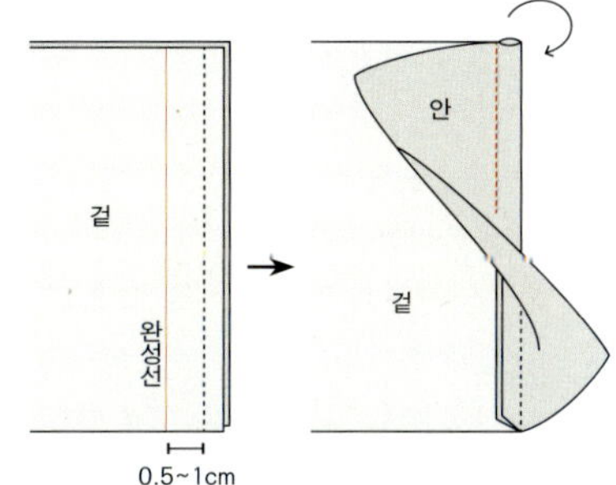

홑솔 겹으로 된 얇은 원단의 한복을 만들 때 사용하는 솔기 처리법이에요. 2장의 원단을 박음질한 후 시접을 한쪽 방향으로 넘겨서 다림질합니다.

가름솔 2장의 원단을 박음질한 후 시접을 양쪽으로 가르는 방법으로, 길과 소매를 연결할 때 또는 옷감이 두꺼울 때 사용합니다.

통솔 2장의 원단을 안감끼리 맞댄 후 완성선에서 시접 쪽으로 0.5~1cm 떨어진 곳에서 박음질합니다. 그리고 시접을 0.3~0.5cm로 잘라낸 다음, 뒤집어서 원단의 겉과 겉이 마주 보게 하고 완성선을 따라 박음질을 해주세요. 1겹으로 된 옷의 바느질에 많이 사용합니다.

한복의 기초 용어

○ 상의

[앞]

끝동
진동
짧은 고름
동정
깃
앞길
걸섶
도련
긴 고름
소매
배래
소맷부리

[뒤]

화장
고대
뒷길
옆선

저고리의 형태와 명칭

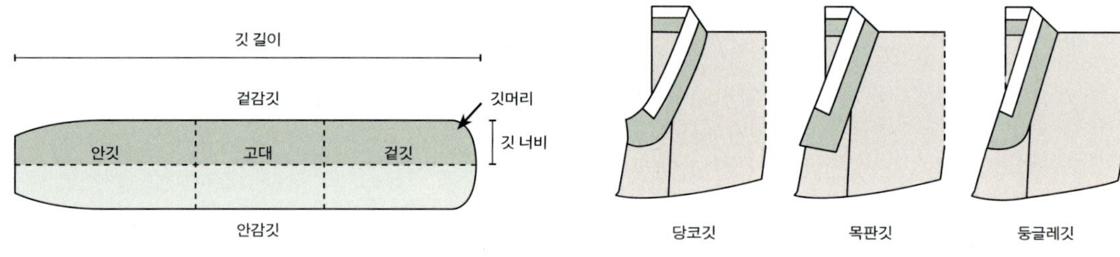

깃의 형태와 명칭

깃의 종류

❶ **길** 저고리 같은 상의를 만들 때 기본이 되는 옷의 넓은 부분으로, 양장에서의 몸판 부분을 말해요. 어깨선을 기준으로 등 쪽을 '뒷길'이라고 하고, 가슴 쪽을 '앞길'이라고 합니다.

❷ **섶** 윗옷의 앞 중심 부분이 벌어지지 않도록 옷감을 덧댄 부분을 말합니다. 옷을 입었을 때 겉에서 보이는 부분이 '겉섶'이고, 안으로 여며지는 부분이 '안섶'입니다.

❸ **깃** 저고리나 두루마기에서 목을 감싸는 부분으로, 옷의 겉감에 달리는 깃을 '겉감깃', 안감 쪽에 달리는 깃을 '안감깃'이라고 해요. 깃의 형태에 따라 겉감깃과 안감깃이 1장으로 이어져 있기도, 2장으로 나뉘어 있기도 합니다. 또한 걸섶과 앞길 위에 달리는 부분이 '겉깃'이고, 안섶에 달리는 부분이 '안깃'이에요. 깃의 모양에 따라 섶 위의 깃머리 부분이 둥근 깃은 '둥글레깃', 여밈 끝이 뾰족한 깃은 '당코깃', 사각으로 넓게 달린 깃은 '목판깃'이라고 합니다.

❹ **등솔** 양쪽 뒷길을 연결하여 만든 중심선을 말합니다.

❺ **진동** 저고리 소매의 어깨선에서 겨드랑이까지의 길이를 말합니다.

❻ **화장** 저고리 등솔 (또는 뒷목점)에서 소매 끝까지의 길이를 말합니다.

○ 하의

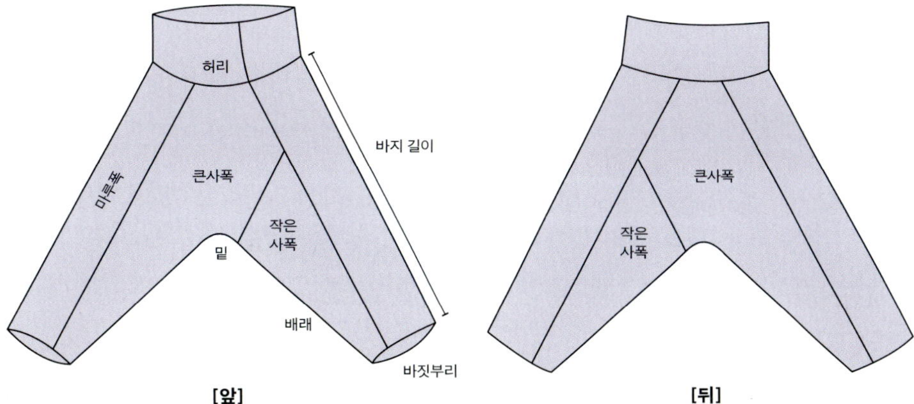

바지의 형태와 명칭

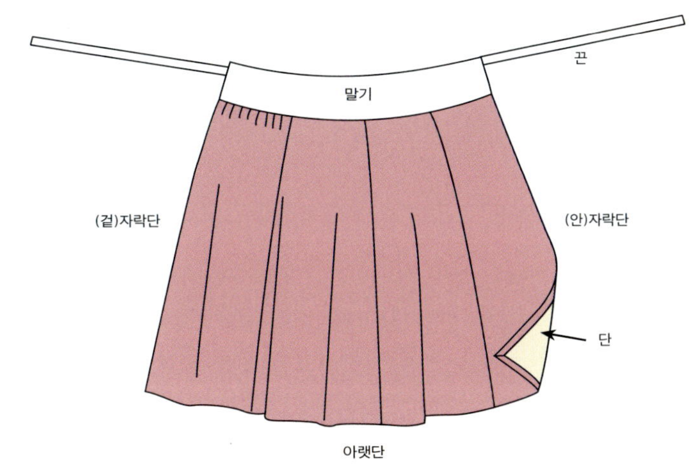

치마의 형태와 명칭

❼ **고대** 뒷길에서 깃이 달리는 부분으로, 고대 넓이의 1/2 폭을 '반고대'라고 합니다.

❽ **도련** 저고리나 두루마기 등의 아랫부분(단 부분) 둘레의 곡선을 말합니다.

❾ **배래** 저고리의 겨드랑이 부분에서 소매 끝까지의 아랫부분을 말합니다. 바지의 경우 밑아래의 불룩하게 둥글린 부분을 칭하기도 합니다.

❿ **끝동** 저고리의 소매 끝에 다른 색을 배색하여 댄 옷감을 말합니다.

⓫ **고름** 윗옷의 앞을 여미기 위해 가슴 부분에 매는 끈을 말합니다.

⓬ **사폭** 바지에서 마루폭 안쪽에 붙이는 4쪽의 헝겊을 일컫습니다.

⓭ **마루폭** 바지의 허리 밑에 달아 사폭을 대는 긴 헝겊을 말합니다.

⓮ **대님** 바짓부리를 묶어 고정하는 끈을 말합니다.

⓯ **말기** 치마의 윗허리 둘레를 둘러서 댄 부분을 말합니다.

⓰ **단** 옷자락 끝의 가장자리를 안으로 접은 부분을 말하며, 다른 옷감을 덧대지 않고 옷감의 길을 그대로 접어 올린 단을 '제물단'이라고 합니다.

모델 인형

○ 파올라레이나 **Paola Reina**

파올라레이나는 풍성한 머리카락과 속눈썹, 사랑스러운 눈동자가 특징인 스페인 태생의 인형입니다. '전 세계 모든 아이들이 인종의 장벽 없이 자신감을 가지고 성장해야 한다'는 철학을 반영하듯, 다양한 피부색과 눈동자 색, 헤어스타일을 가지고 있습니다.

○ 블라이스 **Blythe**

압도적으로 큰 머리와 눈썹 없는 커다란 눈이 매력이며, 개성이 뚜렷하고 이국적인 분위기를 풍깁니다. 크기에 따라 네오 블라이스(28cm), 미디 블라이스(20cm), 푸치 블라이스(11cm)로 나뉘며, 이 책에는 네오와 미디가 모델로 등장합니다.

○ 디즈니 베이비돌 **Disney Babydoll**

디즈니 애니메이션에 나오는 '인어공주', '신데렐라' 등의 캐릭터를 5~7세 유아 모습으로 제작한 인형으로, 이 책에는 조금 특별한 베이비돌이 등장합니다. 인형 리페인팅*으로 유명한 김태기 작가가 인형의 얼굴에 한국의 미를 정성스럽게 담아냈습니다.

* 리페인팅이란 기성 인형의 얼굴을 아세톤 등 화학 약품으로 지우고, 작가가 눈과 입술을 그려 넣거나 화장, 머리카락 염색 등을 통해 새로운 인형으로 바꾸는 작업을 말합니다. 캔버스 대신 인형 얼굴에 그림을 그리는 작업이라고 생각하면 쉬운데요. 112쪽에서 김태기 작가가 작업한 한국 인형들을 감상할 수 있습니다.

	베이비돌	파올라레이나	네오 블라이스	미디 블라이스
키	38cm	33cm	28cm	20cm
총장	20.5cm	24cm	10.5cm	8.5cm
화장	16cm	12cm	8.5cm	6.5cm
가슴둘레	20cm	14cm	10.5cm	8.5cm
허리둘레	23cm	13cm	7.5cm	5.5cm
엉덩이둘레	24cm	17cm	10cm	8cm

※ 생산년도와 모델에 따라 사이즈의 오차가 있을 수 있습니다.

만들기

아름다운 꽃이 소복하게 내려앉은 민저고리,
화려한 금박으로 장식한 당의,
풍성한 실루엣이 돋보이는 풀치마까지.
이 책에는 총 12가지의
인형 한복 만들기 과정이 수록돼 있습니다.

1
풀치마

여자의 한복 하의 중 기본이 되는 옷이며, 겹바느질로 만든 옷이라 하여 '물겹치마'라고 부르기도 합니다. 폭을 이어 붙이고 주름을 잡아 풍성한 실루엣을 만든 다음 허리 부분에 말기를 달아서 입는 형태입니다.

이미지컷 … 8~9쪽

○ 형태와 명칭

○ 옷감의 양

	베이비돌	파올라레이나	네오 블라이스	미디 블라이스
겉감	35cm×48cm	27cm×46cm	20.5cm×35cm	16.5cm×25cm
안감	33cm×44cm	25cm×42cm	19.5cm×33cm	15.5cm×23cm
말기감	12cm×24cm	10cm×19cm	7cm×13cm	6.5cm×11cm

※ 옷감의 사이즈는 모두 '폭(너비)×길이'의 순서로 표기돼 있습니다.

○ 마름질하기

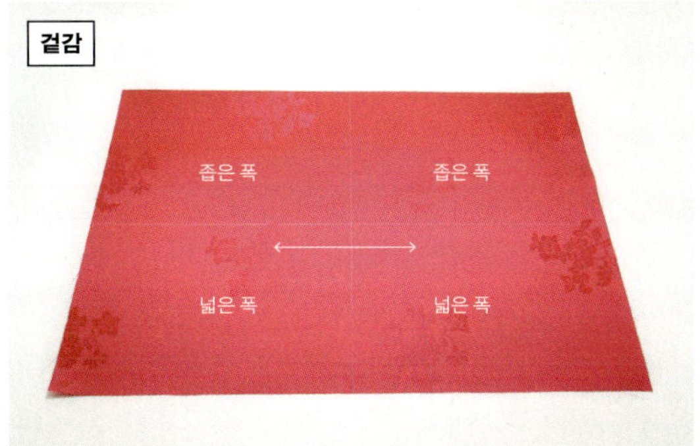

다음의 사이즈를 참고하여, 걸감을 식서 방향에 맞게 마름질합니다.(**베이비돌** 18cm×24cm 2장, 17cm×24cm 2장, **파올라레이나** 14cm×23cm 2장, 13cm×23cm 2장, **네오 블라이스** 10.5cm×17.5cm 2장, 10cm×17.5cm 2장, **미디 블라이스** 8.5cm×12.5cm 2장, 8cm×12.5cm 2장)

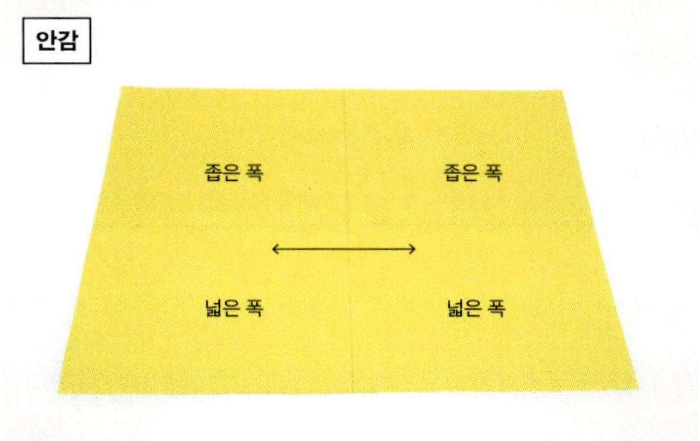

다음의 사이즈를 참고하여, 안감을 식서 방향에 맞게 마름질합니다.(**베이비돌** 17cm×22cm 2장, 16cm×22cm 2장, **파올라레이나** 13cm×21cm 2장, 12cm×21cm 2장, **네오 블라이스** 10cm×16.5cm 2장, 9.5cm×16.5cm 2장, **미디 블라이스** 8cm×11.5cm 2장, 7.5cm×11.5cm 2장)

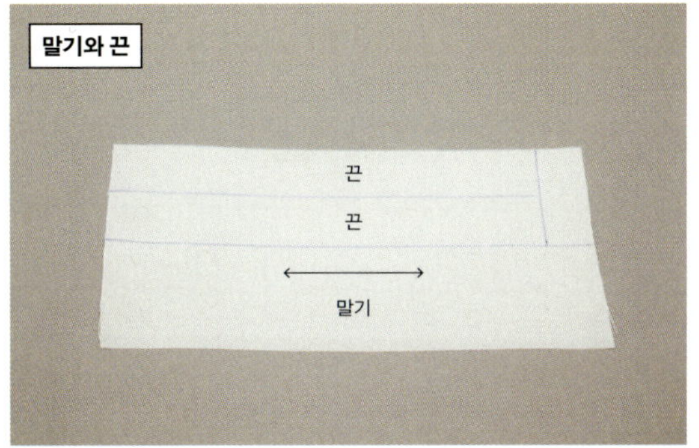

다음의 사이즈를 참고하여, 말기와 끈을 마름질합니다.(**베이비돌** 말기 6cm×24cm 1장, 끈 3cm×21cm 2장, **파올라레이나** 말기 5cm×19cm 1장, 끈 2.5cm×16cm 2장, **네오 블라이스** 말기 3cm×13cm 1장, 끈 2cm×13cm 2장, **미디 블라이스** 말기 2.5cm×10.5cm 1장, 끈 2cm×11cm 2장)

베이비돌과 파올라레이나 시접은 1cm, 끈 시접은 0.5cm로 하고, 블라이스 시접은 모두 0.5cm로 합니다.

○ 바느질하기

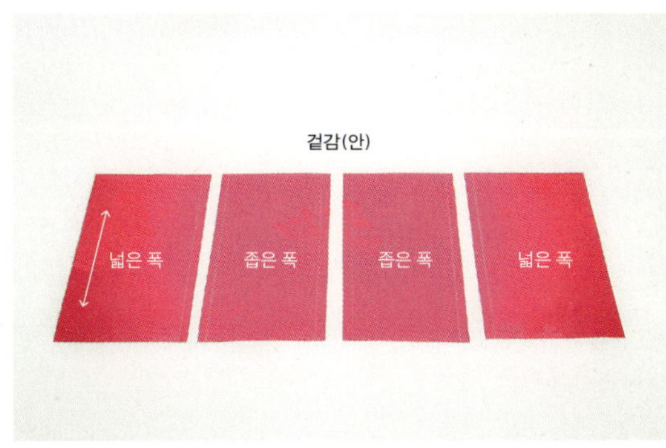

1. 폭이 넓은 원단 2장을 가장자리에 배치하여, 걸감 4장의 원단을 순서대로 놓고 박음질선을 표시해줍니다. 모든 시접은 1cm로 합니다.

2. 걸감 치마폭을 아랫단에서 허리 쪽으로 박음질하고, 시접은 입어서 오른쪽으로 넘겨줍니다.

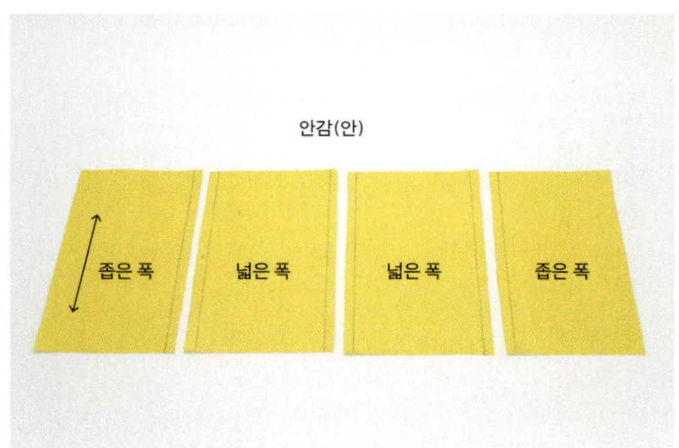

3. 폭이 좁은 원단 2장을 가장자리에 배치하여, 안감 4장의 원단을 순서대로 놓고 박음질선을 표시해줍니다.

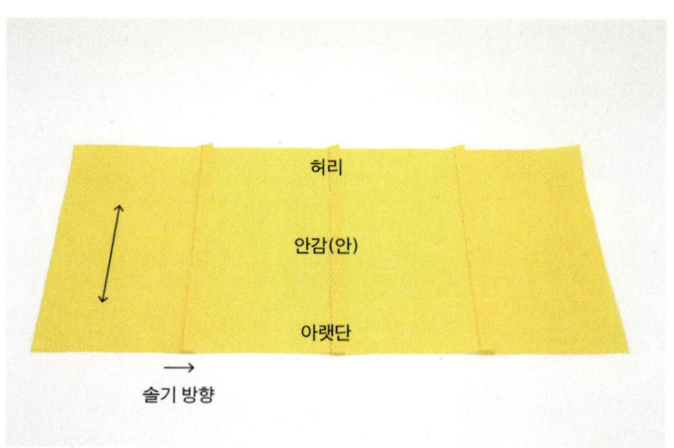

4. 안감 치마폭을 아랫단에서 허리 쪽으로 박음질하고, 시접은 입어서 왼쪽으로 넘겨줍니다.

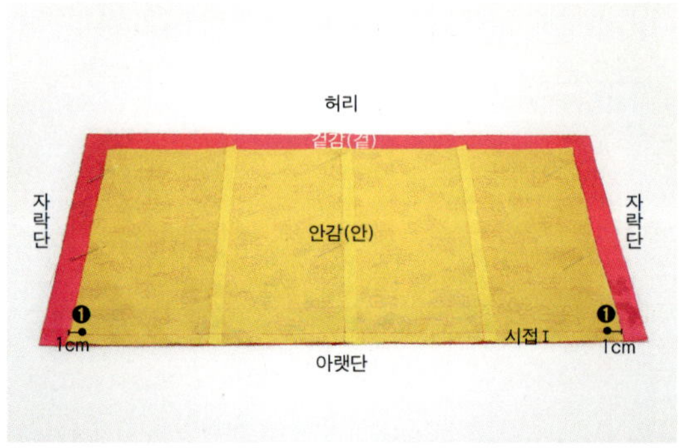

5. 겉감의 겉과 안감의 겉이 만나게 놓고 치마폭의 솔기를 맞추어 고정시킨 다음 아랫단을 박음질합니다. 이때 안감의 자락단 가장자리에서 1cm(**블라이스** 0.5cm) 들어간 지점 ❶을 고정시킨 다음, 시접을 두고 아랫단을 박음질합니다.

6. 안감의 안쪽에서 자락단 박음질선을 표시합니다.

7. 겉감의 안쪽에서 자락단 박음질선을 아랫단에서 3cm(**블라이스** 1.5cm) 올라간 지점까지만 표시해줍니다.(❷는 겉감 쪽에서 나타나는 ❶과 같은 점입니다.)

8. 표시한 겉감과 안감의 박음질선을 만나게 하여 핀으로 고정해줍니다.

9. 양쪽 자락단을 같은 방법으로 박음질합니다.

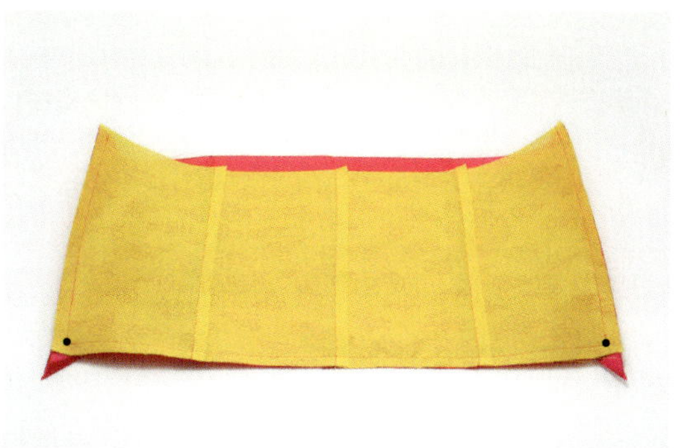

10. 표시한 세 점 • ❶, ❷, ❸이 하나로 만나게 됩니다.

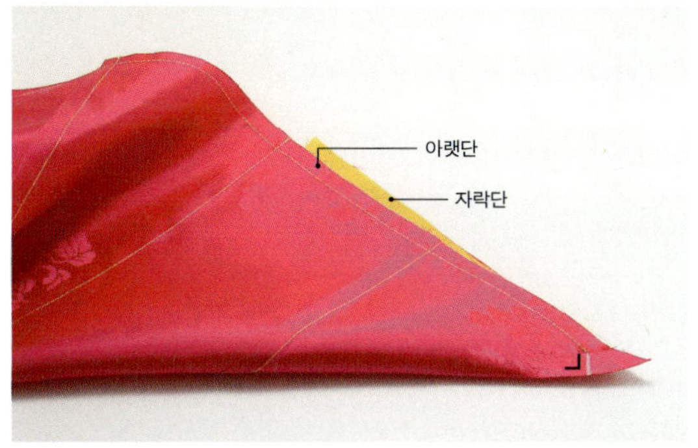

11. 아랫단과 자락단이 만나게 사선으로 접은 다음, 접은 선과 직각이 되는 선을 표시합니다.

12. 직각이 되는 선을 박음질하고 시접을 잘라냅니다.

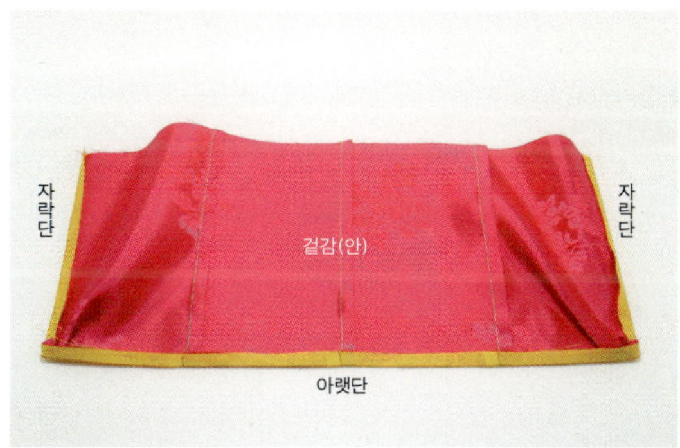

13. 양쪽 자락단과 아랫단의 시접을 안감에서 겉감 쪽으로 넘겨 다림질합니다.

14. 겉면으로 뒤집은 다음 단 모양을 살려 다림질합니다. 완성 단 넓이는 베이비돌, 파올라레이나 1cm, 블라이스 0.5cm가 됩니다.

15. 겉감 쪽에서 치마 길이를 표시하고 핀으로 겉감과 안감을 고정시킵니다.{치마 길이 **베이비돌** 21cm(폭 60cm), **파울라레이나** 20cm(폭 44cm), **네오 블라이스** 16cm(폭 36cm), **미디 블라이스** 11cm(폭 28cm)}

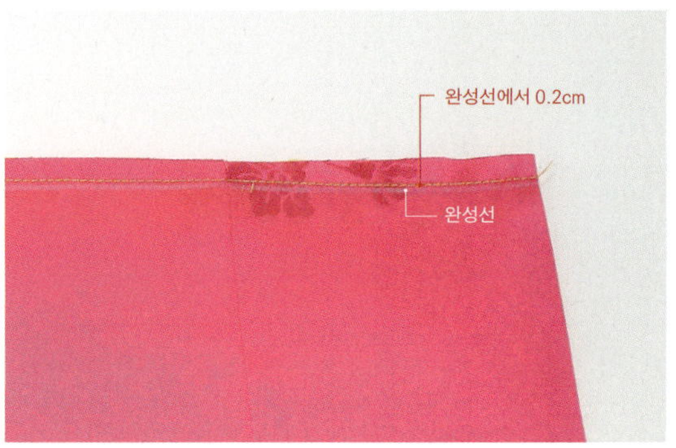

16. 완성선보다 0.2cm 올라간 지점을 박음질하여 겉감과 안감을 고정시켜줍니다.

17. 겉주름과 속주름을 표시하고 겉자락부터 주름을 잡아나갑니다.{**베이비돌** 겉주름 1cm, 속주름 1.8cm(주름 개수 22개, 완성 둘레 22cm), **파울라레이나** 겉주름 0.7cm, 속주름 1.2cm(주름 개수 24개, 완성 둘레 17cm), **네오 블라이스** 겉주름 0.5cm, 속주름 1cm(주름 개수 24개, 완성 둘레 12cm), **미디 블라이스** 겉주름 0.5cm, 속주름 1cm(주름 개수 19개, 완성 둘레 9.5cm)}

18. 주름 계산 시 소수점의 생략으로 완성 길이의 오차가 생길 수 있는데, 이때는 마지막 속주름(안자락 쪽)에서 오차 부분을 더하거나 빼 완성 길이를 맞춘 다음 주름을 잡아줍니다. 주름을 잡은 후에는 다리미로 주름 윗부분을 눌러줍니다.

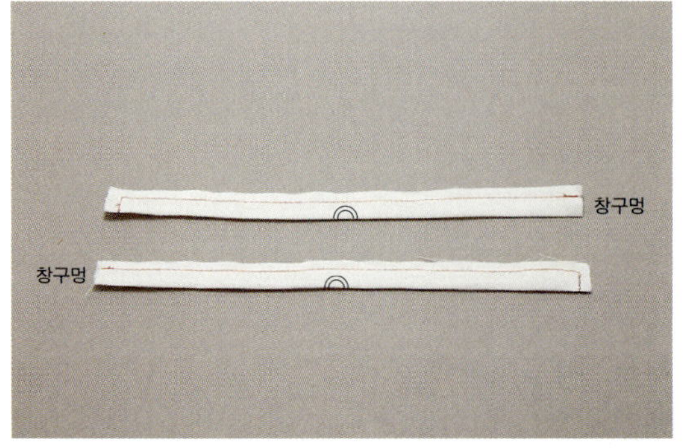

19. 끈 2장은 창구멍을 남기고 박음질한 다음 뒤집어서 다림질합니다.(끈 완성 크기 **베이비돌** 1cm×20cm, **파울라레이나** 0.7cm×15cm, **네오 블라이스** 0.5cm×12cm, **미디 블라이스** 0.5cm×10cm)

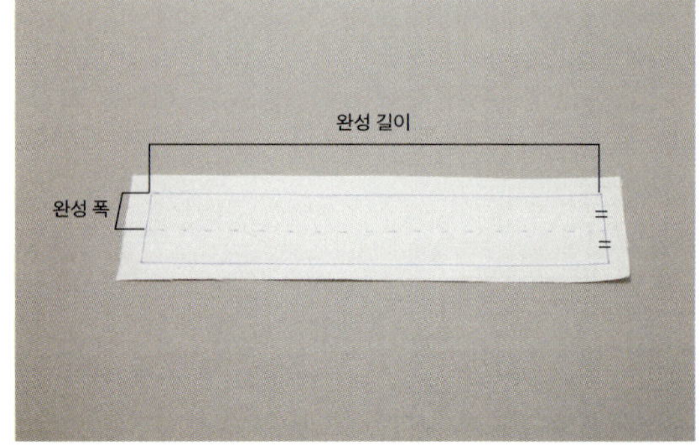

20. 말기의 완성선을 표시해줍니다.(말기 완성 크기 **베이비돌** 2cm×22cm, **파울라레이나** 1.5cm×17cm, **네오 블라이스** 1cm×12cm, **미디 블라이스** 0.7cm×12cm)

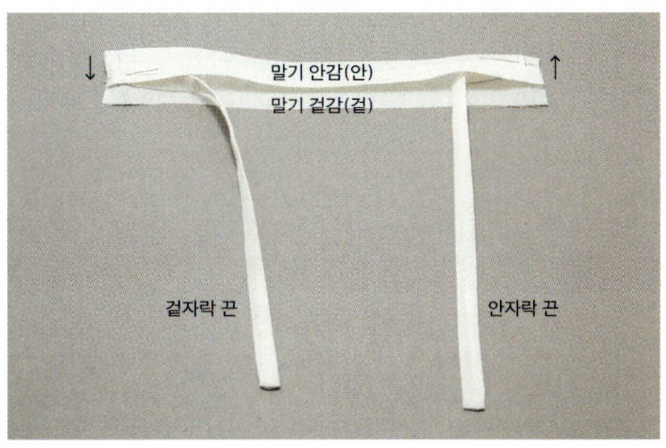

21. 안감 쪽의 말기 시접은 완성선을 따라 접어줍니다. 말기 넓이의 골선을 따라 안감의 겉과 겉감의 겉을 마주 접은 다음, 그 사이로 안자락 쪽 끈은 위로(골선 쪽), 겉자락 쪽 끈은 허리 쪽으로 놓아줍니다. 끈의 솔기는 위를 향하게 합니다.

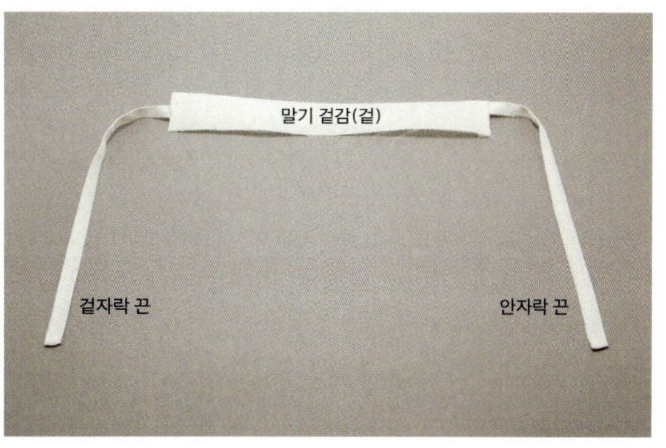

22. 말기의 끝부분을 박음질하고 뒤집어서 다림질합니다.

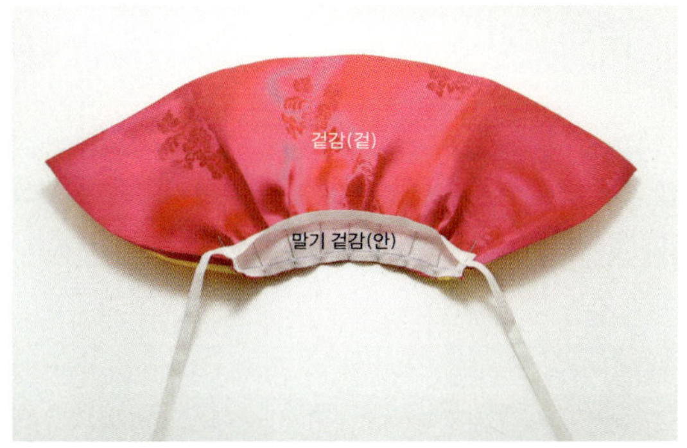

23. 치마의 겉과 말기의 겉을 마주한 다음, 양쪽 끝을 잘 맞게 고정하여 박음질합니다.

24. 말기 안쪽은 허리선을 따라 공그르기하여 완성해줍니다.

바느질 상식 1. **치마 주름 잡을 때 유의할 점**

1. 인형의 사이즈가 작을수록 겉주름의 너비는 좁은 것이 좋습니다.
2. 치마폭은 가슴둘레의 2.5~3배가 되게 합니다.
3. 말기 둘레는 가슴둘레에 1~2cm 정도의 여밈 길이를 더해 측정합니다. 인형의 크기가 클수록 여밈의 길이는 커집니다.

2
사폭바지

남자의 한복 하의 중 기본이 되는 옷으로, 마루폭 안쪽에 4쪽의 헝겊을 붙였다고 하여 '사폭邪幅바지'라고 부릅니다. 큰사폭, 작은사폭, 마루폭을 이어서 넓은 폭을 만들고 여기에 허리를 단 형태의 옷이며, 허리끈과 대님으로 허리와 발목을 고정시켜 입습니다.

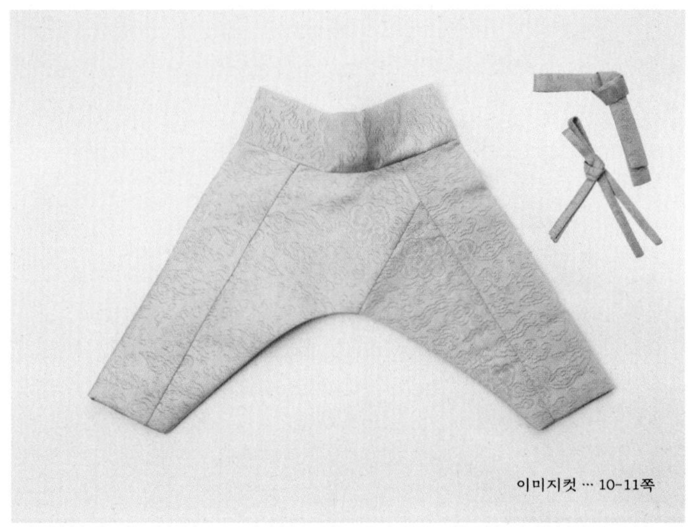

이미지컷 … 10-11쪽

○ 형태와 명칭

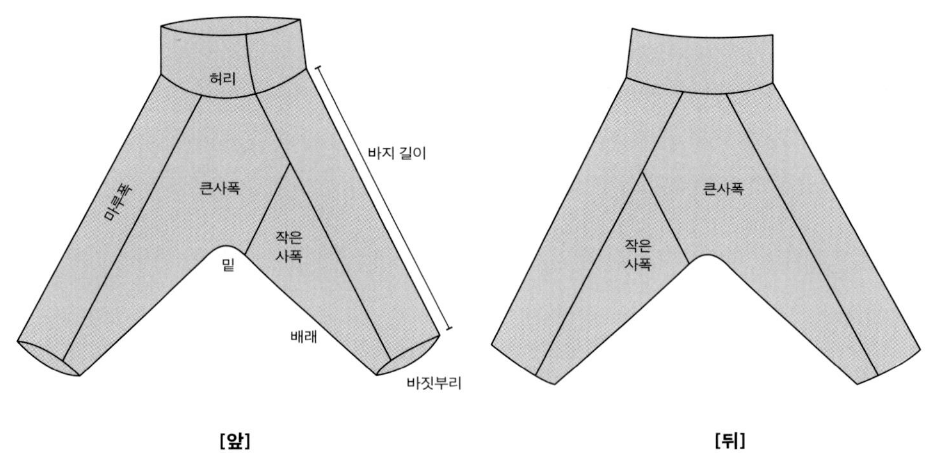

○ 옷감의 양

	베이비돌	파올라레이나
겉감	55cm×50cm	50cm×35cm
안감	55cm×30cm	50cm×25cm
실물 패턴	1면 A-1	5면 B-1

※ 옷감의 사이즈는 모두 '폭(너비)×길이'의 순서로 표기돼 있습니다.

바느질 상식 2. 창구멍이란?

안쪽에서 바느질을 한 후 겉으로 뒤집기 위해 필요한 구멍으로, 완성선의 일부를 바느질하지 않고 남겨둔 부분을 말합니다.

○ 마름질하기

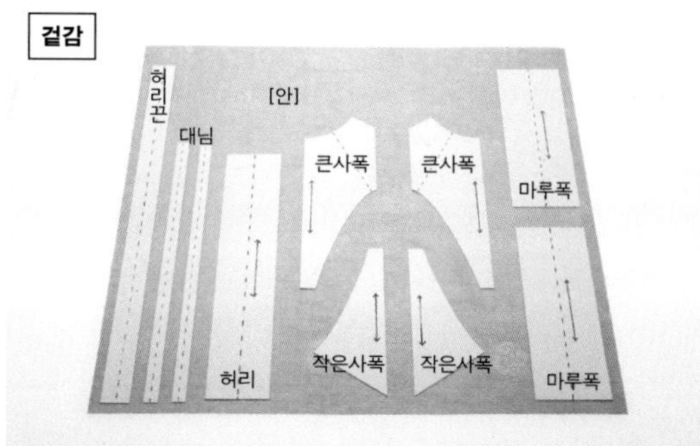

겉감으로 마루폭 2장, 큰사폭 2장, 작은사폭 2장, 허리 1장을 마름질하고, 다음의 사이즈를 참고하여 허리끈 1장과 대님 2장도 마름질해줍니다.(**베이비돌** 허리끈 4cm×46cm, 대님 3cm×31cm, **파올라레이나** 허리끈 3cm×33cm, 대님 2cm×24cm)

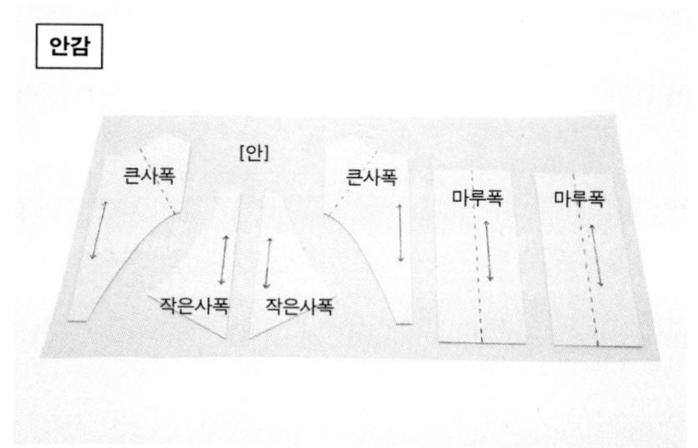

안감으로 마루폭 2장, 큰사폭 2장, 작은사폭 2장을 마름질합니다.

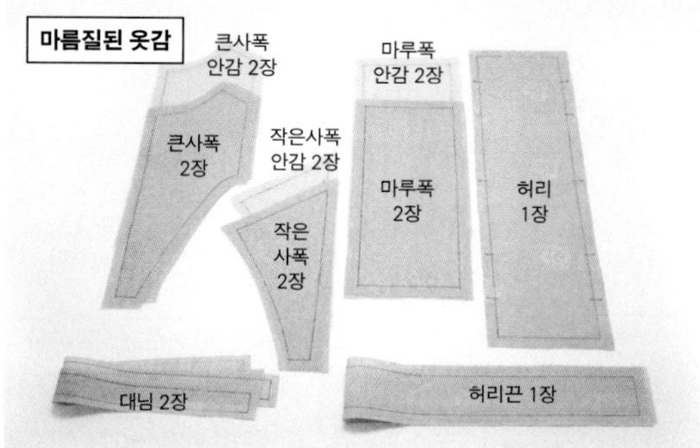

시접은 전체 1cm, 허리끈과 대님은 0.5cm로 합니다.(실물 패턴은 시접이 포함되지 않은 크기입니다.)

○ 바느질하기

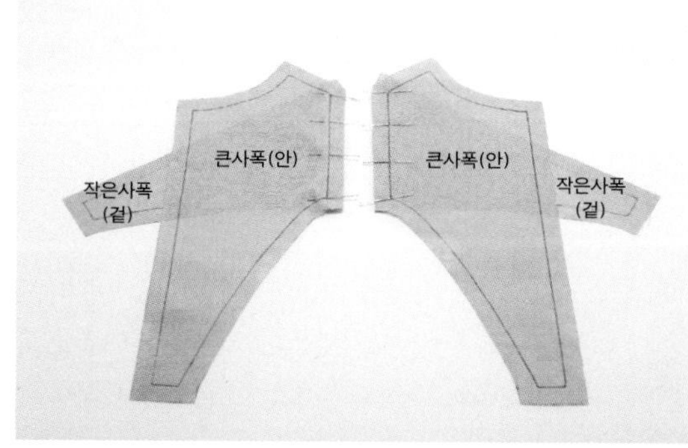

1. 큰사폭과 작은사폭에 완성선을 표시합니다. 큰사폭의 곧은솔기*와 작은사폭의 어슨솔기*를 겉과 겉이 맞닿게 핀으로 고정한 후 큰사폭 쪽에서 박음질해줍니다.

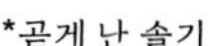

*곧게 난 솔기
*조금 비뚤어지게 난 솔기

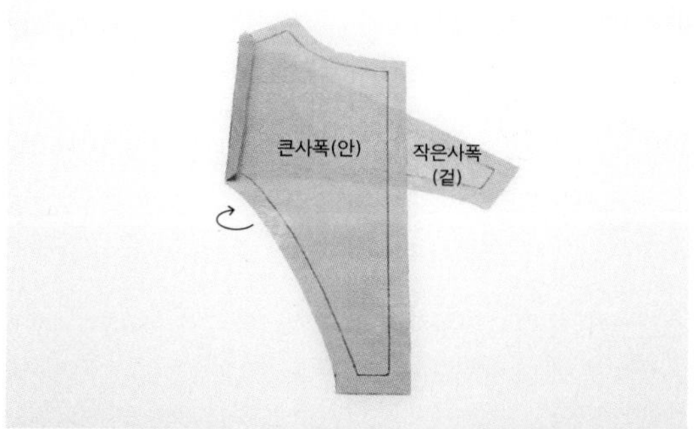

2. 시접은 큰사폭 쪽으로 넘겨줍니다.

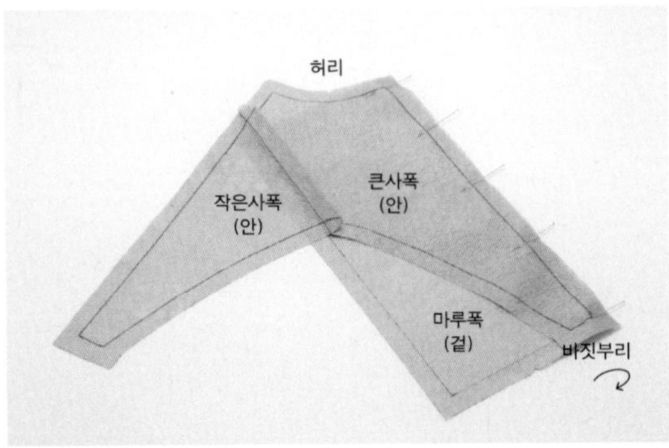

3. 박음질한 사폭의 겉과 마루폭의 겉을 대고 바짓부리 쪽에서 허리 방향으로 박음질합니다. 시접은 마루폭 쪽으로 넘겨줍니다.

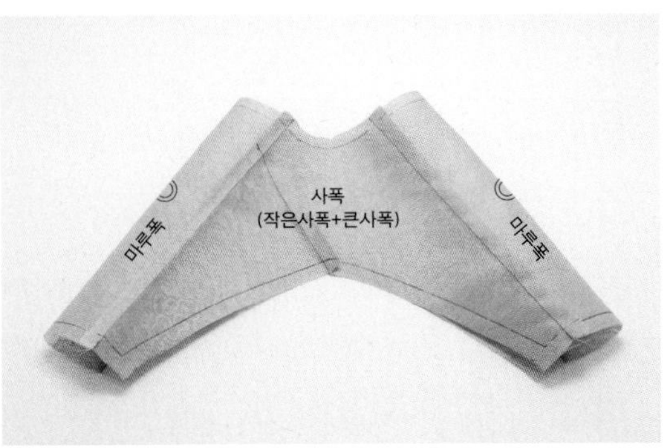

4. 같은 방법으로 또 한 개의 사폭과 마루폭도 연결한 다음, 사폭→마루폭→사폭→마루폭 순으로 바지통을 박음질해줍니다.

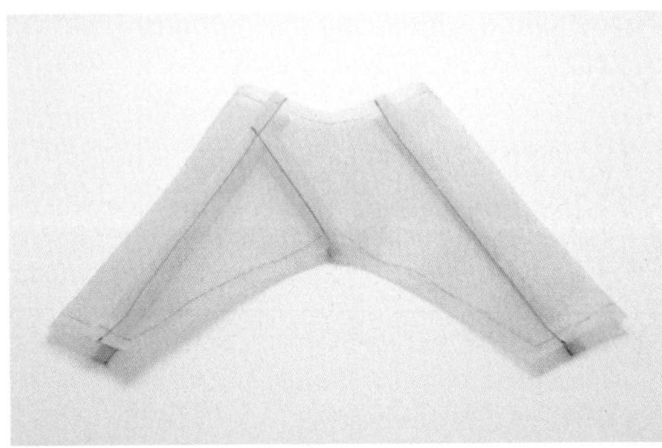

5. 안감도 겉감과 같은 방법으로 만들어줍니다.

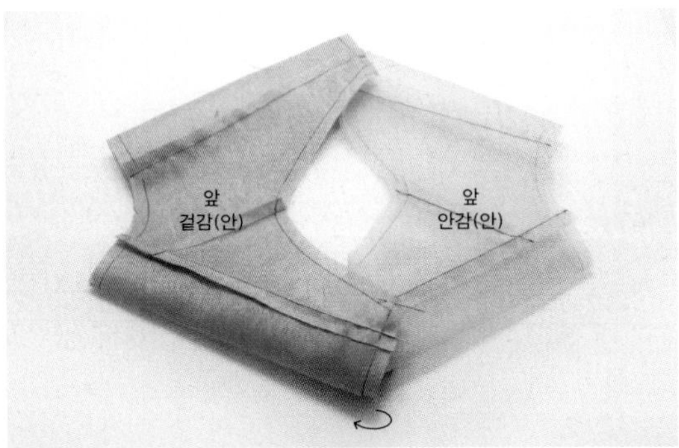

6. 겉감과 안감의 사폭이 대칭이 되게 한 다음, 바짓부리를 서로 마주 보게 두고 박음질합니다.

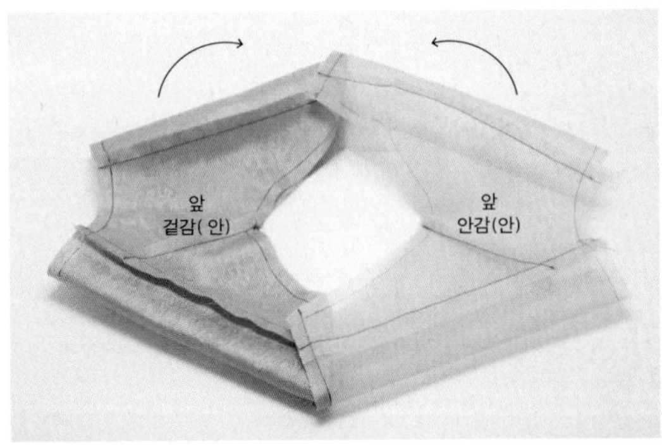

7. 바짓부리 시접은 겉감 쪽으로 넘기고, 겉감의 앞면과 안감의 앞면을 마주 보게 하여 겹쳐줍니다.

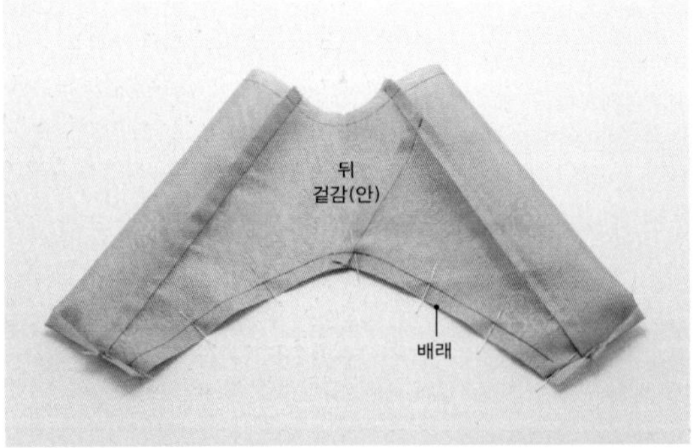

8. 안감의 바짓부리가 겉감 사이에 잘 끼워지게 하여 4겹의 배래를 박음질합니다.

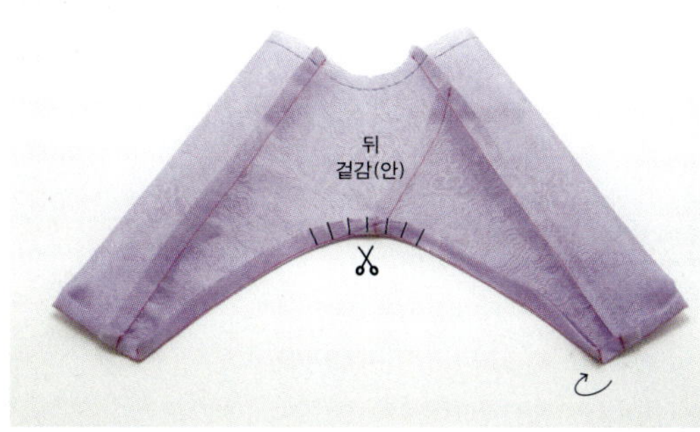

9. 밑아래 부분 시접에 가위집을 주고, 시접을 겉감 쪽으로 넘겨줍니다.

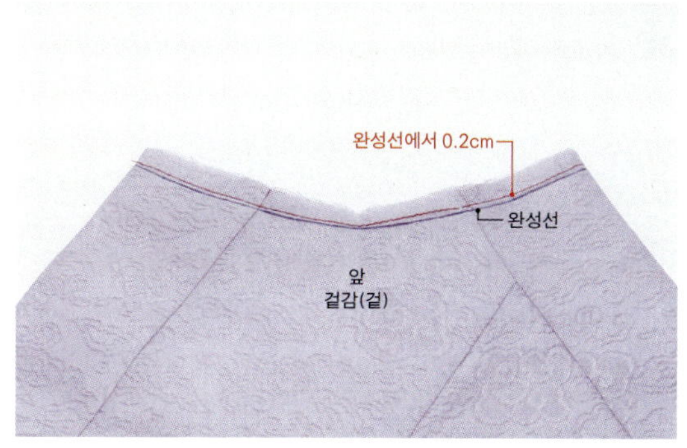

10. 겉감 쪽으로 뒤집은 다음 다림질합니다. 그리고 겉감과 안감의 허리를 맞추어 고정하고, 바지 허리선을 표시해줍니다. 완성선에서 시접 쪽으로 0.2cm 이동한 선을 고정 박음질 해줍니다.

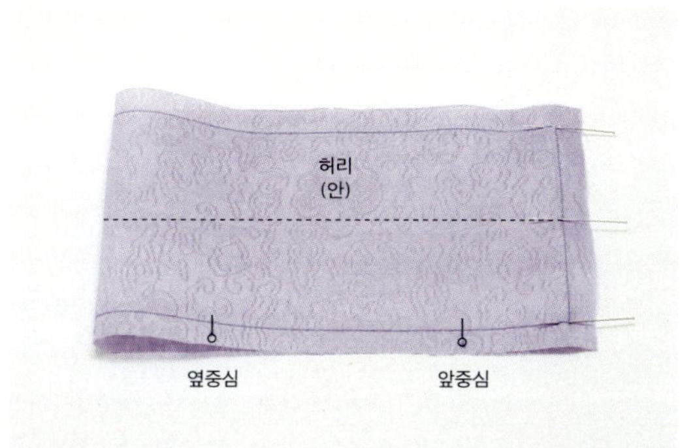

11. 허리감의 양쪽 시접을 맞댄 후 박음질하여 허리둘레가 통으로 되게 합니다. 시접은 가름솔(양쪽으로 가르기) 해줍니다.

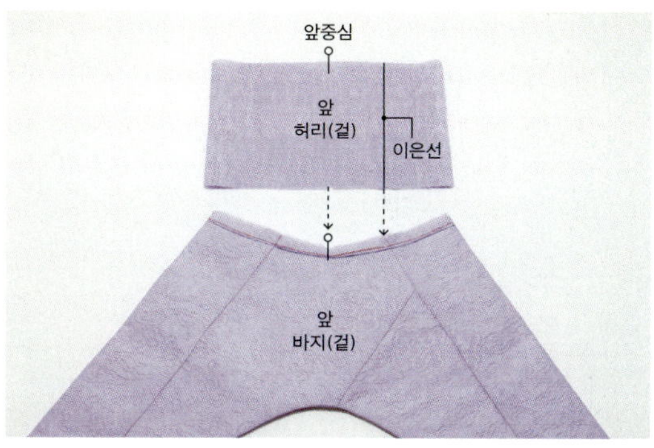

12. 허리의 앞중심선과 바지의 앞중심선을 맞추고, 허리의 이은선과 바지의 작은사폭과 마루폭이 만나는 연결점도 맞춰줍니다.

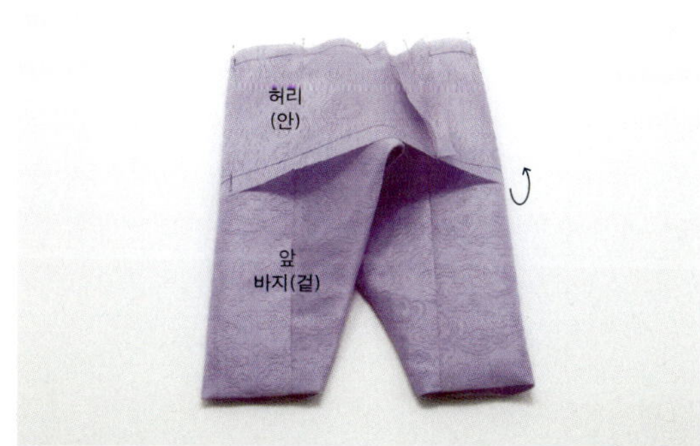

13. 허리를 뒤집어 허리와 겉과 바지의 겉을 마주 댄 후, 허리 둘레를 핀으로 고정시키고 박음질합니다. 이때 앞에서 맞춰준 지점(허리의 이은선+바지의 연결점)에서 시작합니다.

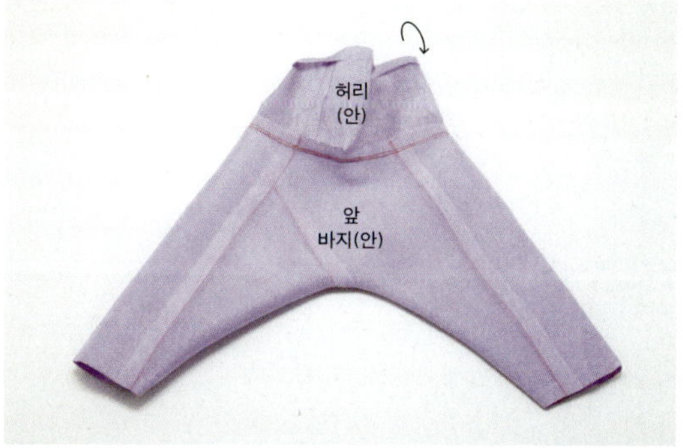

14. 시접은 허리 쪽으로 넘기고, 허리 가장자리의 시접은 접어서 안감 쪽으로 넘겨줍니다.

15. 가장자리 접은 선과 허리선이 만나게 하여 안감 허리선에서 공그르기합니다.

16. 걸감 쪽으로 뒤집어줍니다.

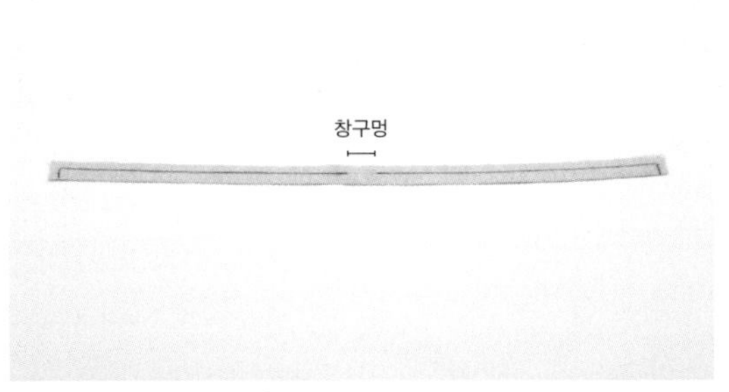

17. 마름질한 허리끈 옷감을 반으로 접어줍니다. 가운데 창구멍을 남기고 박음질한 후 뒤집어줍니다.

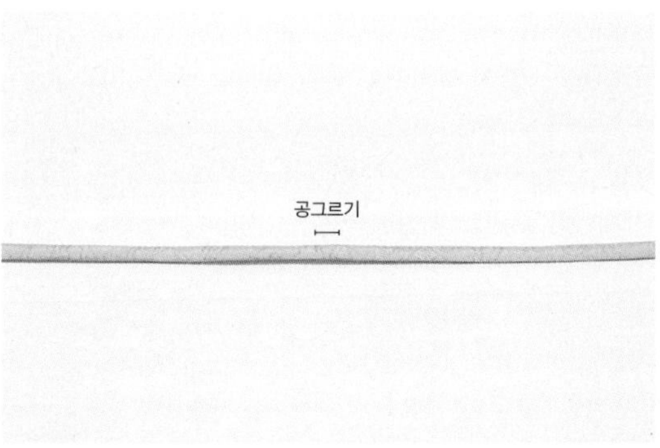

18. 창구멍을 공그르기해줍니다.

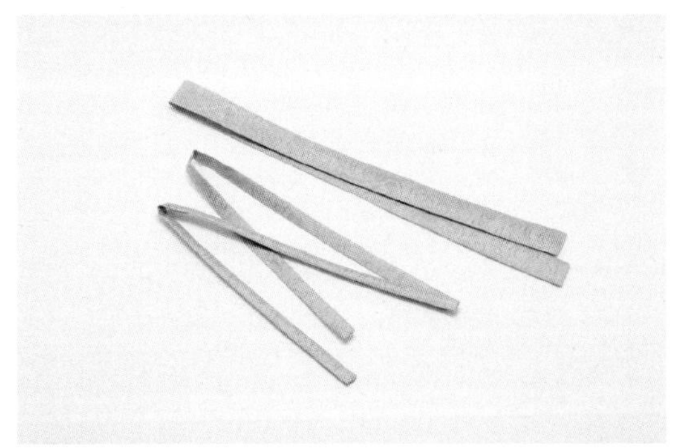

19. 같은 방법으로 허리끈 1개와 대님 2개를 완성해줍니다.(허리끈과 대님의 완성 크기는 패턴에 표기되어 있습니다.)

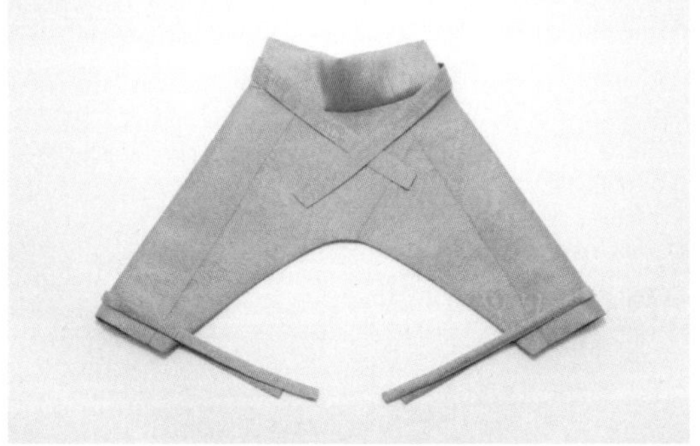

20. 다림질하여 옷을 완성합니다.

한복 입기

한복은 '평면 재단'을 원칙으로 만든 옷이기 때문에 옷을 어떻게 입느냐에 따라서 다양한 볼륨감과 실루엣을 살릴 수 있습니다. 옷을 예쁘게 잘 만드는 것 못지않게 입는 방법 또한 중요하다는 말이겠죠? 한복 하의의 기본이라고 할 수 있는 치마와 바지 입는 방법을 알려드릴게요.

○ 치마 입기

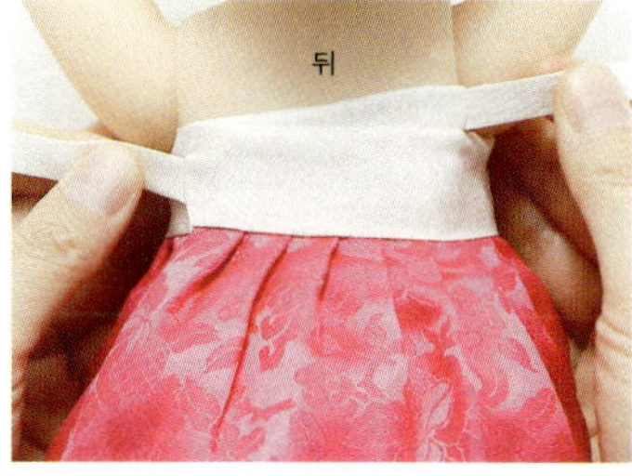

1. 걸자락이 왼쪽으로 가도록 자락을 여며주세요.

2. 양쪽 끈을 앞으로 모은 다음 중심에서 조금 비껴 매듭을 지어줍니다.

○ 바지 입기

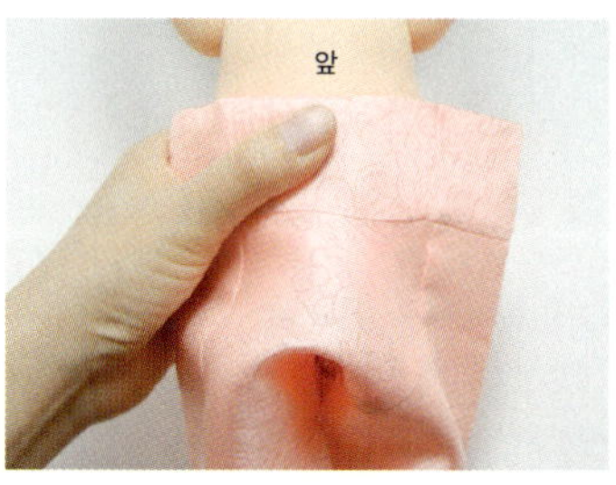

1. 허리 부분의 솔기가 있는 쪽을 앞으로 하여 바지를 입혀줍니다.

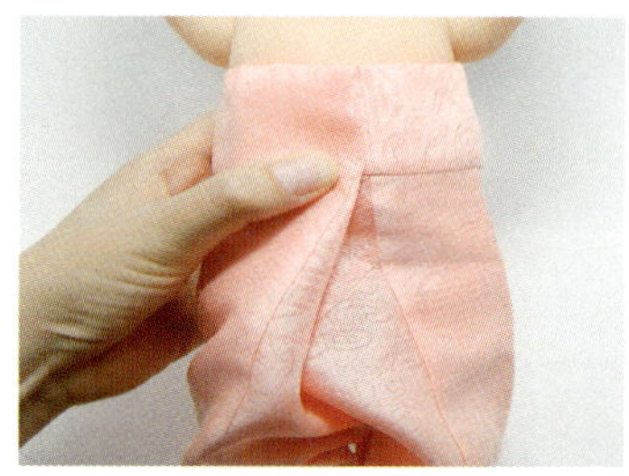

2. 허리 부분의 여유분을 모아 오른쪽으로 여며줍니다.

3. 허리띠로 고정해줍니다.

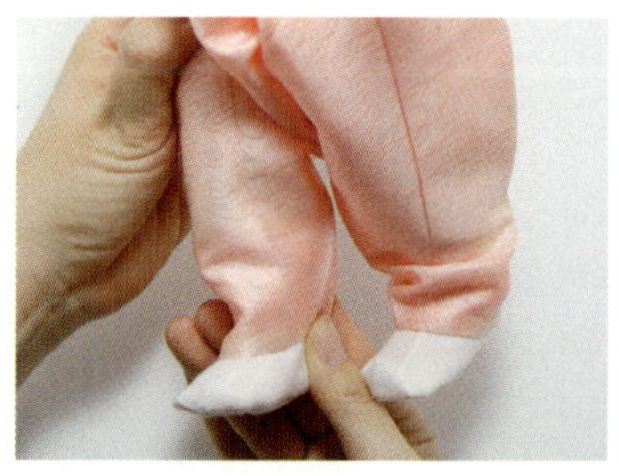

4. 앞 마루폭과 사폭이 만나는 선을 복숭아뼈 안쪽에 둡니다.

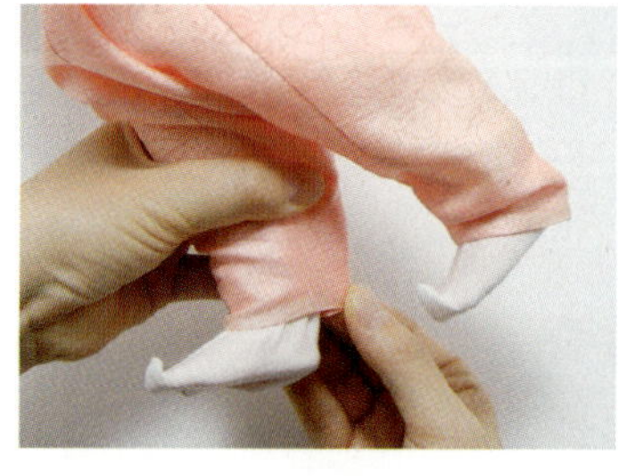

5. 바짓부리의 여유분을 복숭아뼈 안쪽에서 모아 뒤로 넘겨줍니다.

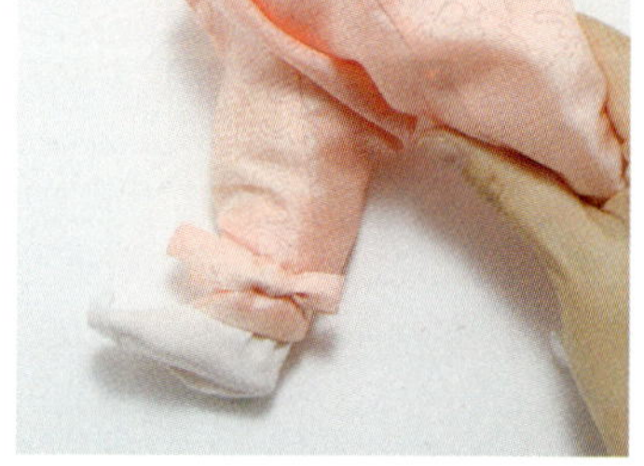

6. 대님으로 복숭아뼈 안쪽에서 매듭지어줍니다.

3
민저고리

저고리는 한복의 상의에서 가장 기본이 되는 옷입니다. 일반적으로 저고리는 앞길과 뒷길, 어깨, 소매, 섶을 이어서 만들지만, 라그란 형태의 민저고리는 시접을 최소화하기 위해 진동선과 안섶을 생략했기 때문에 사이즈가 작은 인형 저고리를 만들기에 적당합니다.

이미지컷 … 12-13쪽

○ 형태와 명칭

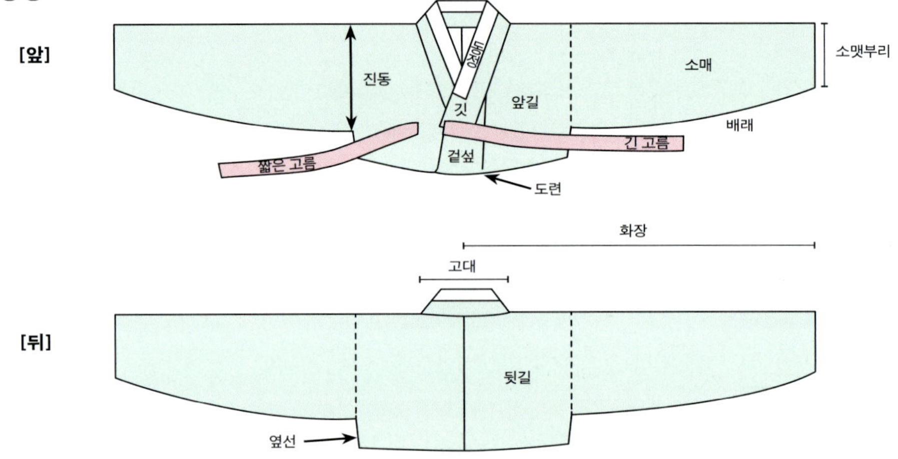

○ 옷감의 양

	베이비돌	파올라레이나	네오 블라이스	미디 블라이스
겉감	42cm×22cm	30cm×19cm	25cm×12cm	18cm×10cm
안감(깃 심감 포함)	48cm×17cm	35cm×15cm	25cm×12cm	18cm×10cm
고름감	8cm×17cm	6cm×14cm	4cm×12cm	4cm×10cm
동정감	3cm×17cm	2.5cm×14cm	1.8cm×9cm	1cm×8cm
실물 패턴	2면 A-2	5면 B-2	8면 C-1	8면 D-1

※ 옷감의 사이즈는 모두 '폭(너비)×길이'의 순서로 표기돼 있습니다.

※ 동정심감은 패턴의 깃 안쪽에 표시된 사이즈로 마름질합니다.

○ 마름질하기

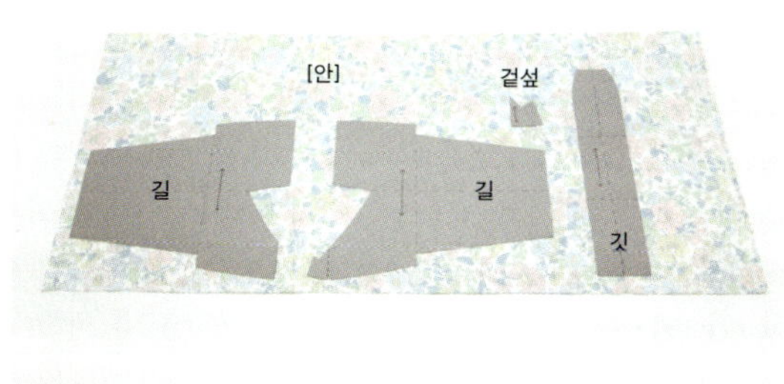

겉감으로 길(길+소매) 좌우 1장씩, 겉섶 1장, 깃 1장을 마름질합니다.

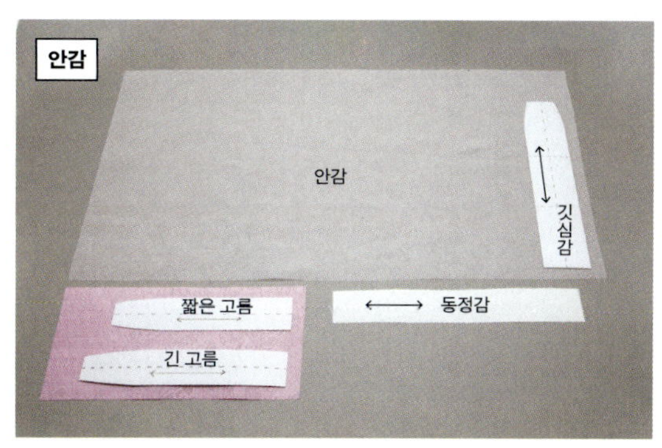

안감으로 직사각형의 몸판 1장(**베이비돌** 48cm×17cm, **파올라레이나** 35cm×15cm, **네오 블라이스** 22cm×12cm, **미디 블라이스** 15cm×10cm)과 깃에 사용할 심감 1장을 마름질합니다. 고름감으로 긴 고름 1장, 짧은 고름 1장을 마름질하고, 흰색의 직사각형 옷감 1장으로 동정감을 마름질해줍니다.

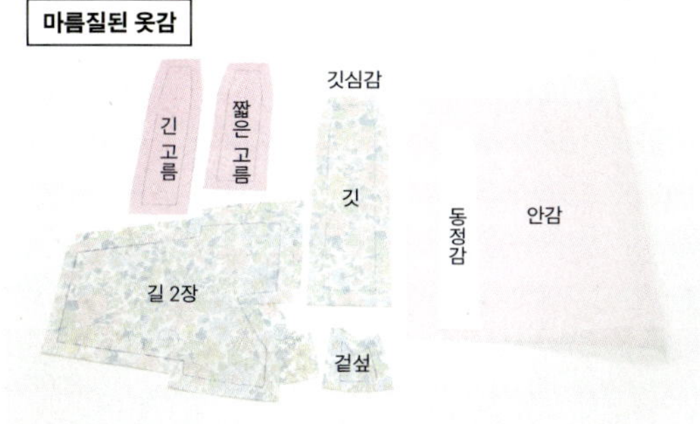

시접은 베이비돌 1cm, 파올라레이나 0.5~0.7cm, 블라이스 0.5cm로 합니다. 고름 시접은 모두 0.5cm로 합니다.(실물 패턴은 시접이 포함되지 않은 크기입니다.)

○ 바느질하기

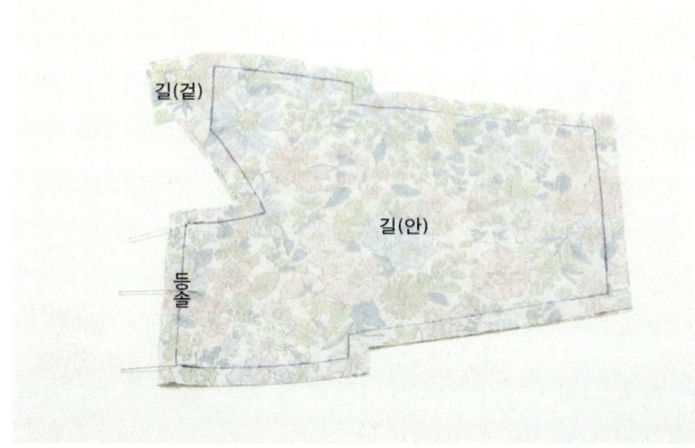

1. 좌우 길(길+소매)의 겉과 겉을 마주 대고 등솔(등중심선)을 핀으로 고정한 다음 박음질해줍니다.

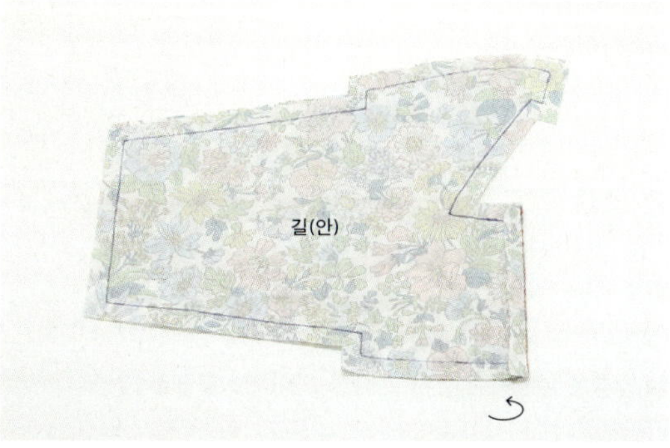

2. 등솔 시접은 입어서 오른쪽으로 넘어가게 다림질합니다.

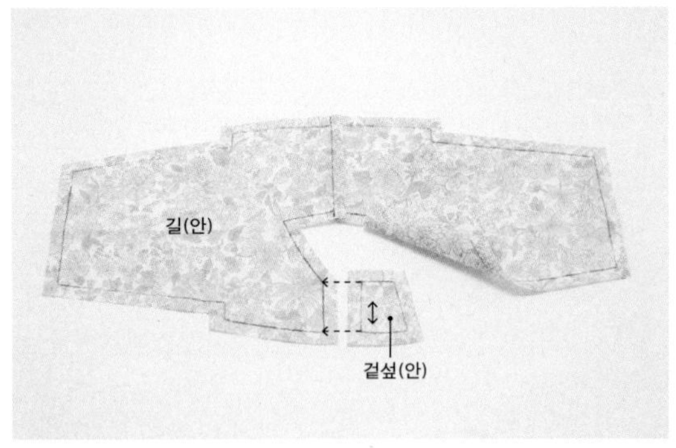

3. 곁섶의 곧은올*을 착용했을 때 앞길의 곁섶선과 만나게 합니다.

*식서 표시 방향

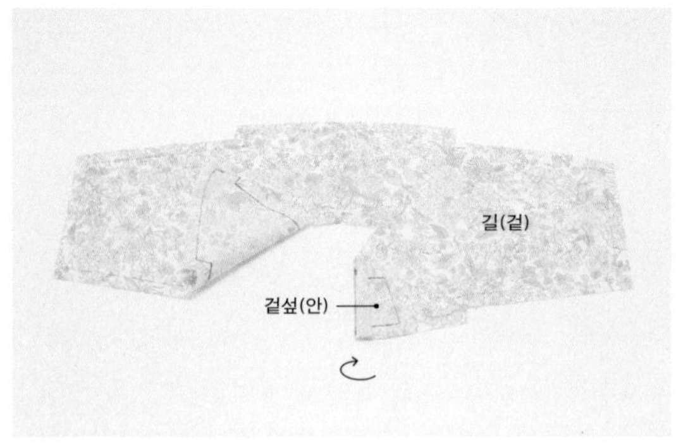

4. 곁섶과 앞길의 겉과 겉을 마주 대고 박음질한 다음, 시접은 곁섶 쪽으로 넘겨줍니다.

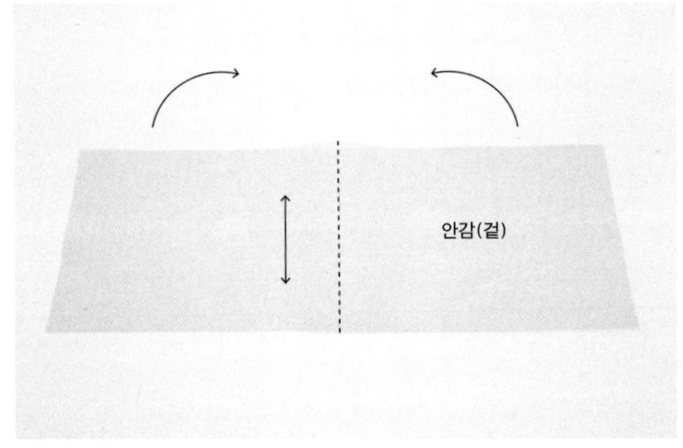

5. 안감은 직사각형 원단을 식서 방향으로 놓은 후, 골선을 따라 반으로 접어줍니다.

6. 앞길과 뒷길의 길이가 1cm 차이 나도록 골선을 따라 다시 반으로 접어줍니다.

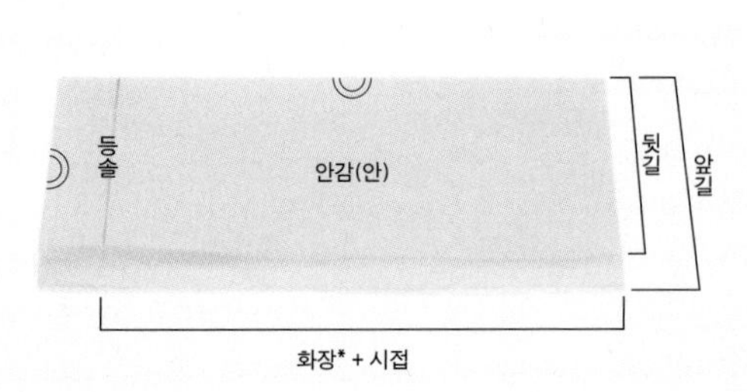

7. 안감을 4장으로 겹치고 다음, 등솔(뒷중심선)을 표시해줍니다.

*패턴상의 중심선에서 소맷부리까지의 길이

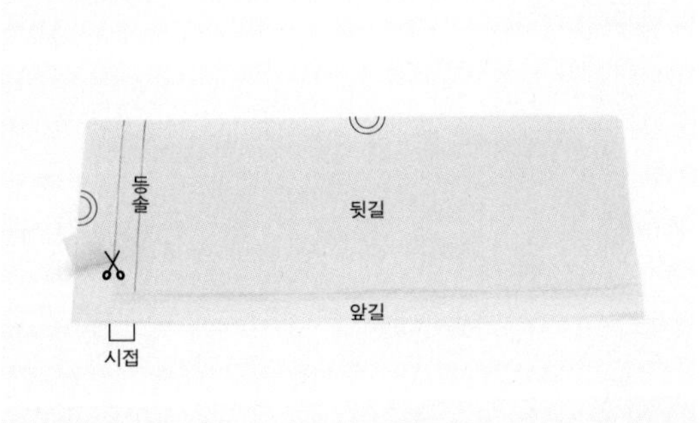

8. 등솔 시접도 표시해준 후, 4장으로 겹친 원단 중 위의 2장만 시접을 잘라냅니다.

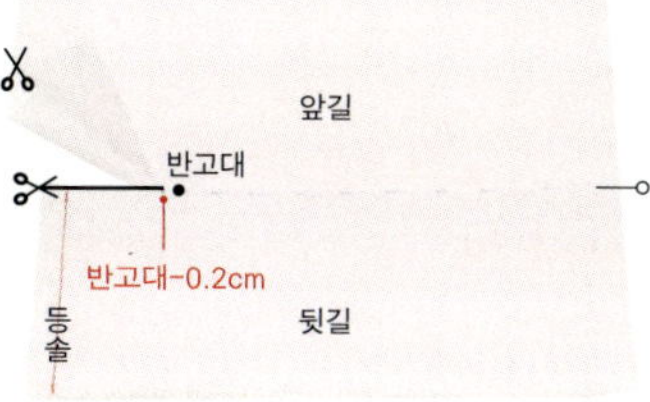

9. 표시한 등솔을 박음질한 후, 중심에서 반고대*-0.2cm 지점까지 잘라줍니다. 앞길 중심 부분은 트여 주고, 어깨 시접에는 중심표시를 해줍니다.

*패턴상 뒷길 목둘레 부분의 길이를 '고대', 고대의 1/2 폭을 '반고대'라고 합니다.

10. 박음질한 시접은 입었을 때 겉감과 반대 방향으로 넘겨줍니다. 등솔을 박은 안감을 펼쳐주면 완성됩니다.

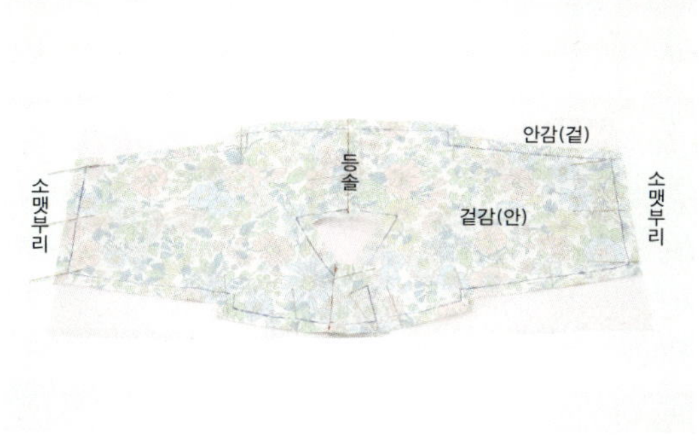

11. 겉감과 안감의 겉끼리 마주 보게 놓습니다. 등솔과 소맷부리의 중심점을 맞추고, 겉감과 안감이 어긋나지 않도록 시침핀으로 고정합니다.

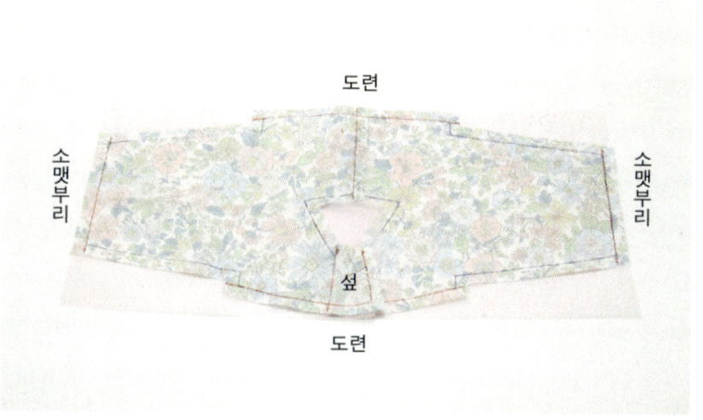

12. 섶, 도련, 소맷부리의 완성선을 박음질해줍니다.

13. 안감 시접은 겉감과 동일하게 자르고, 박음질한 시접은 안감에서 겉감 쪽으로 넘겨 다림질합니다.

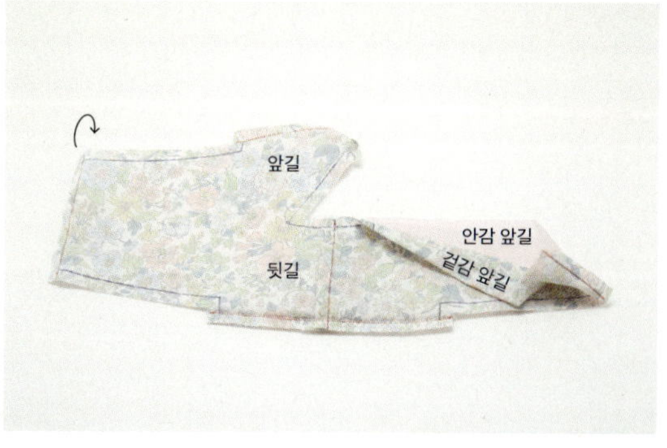

14. 양쪽의 앞도련을 뒤집어 겉감과 안감의 뒷길 사이에 끼워 넣어줍니다.

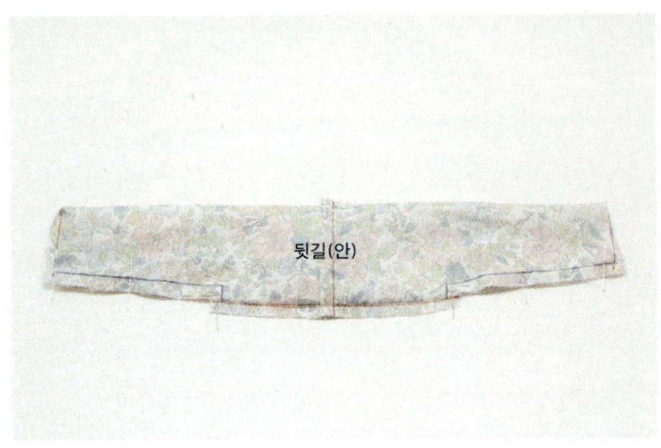

15. 안으로 들어가는 부분은 소맷부리와 도련 끝까지 밀어 넣은 다음 4겹이 되도록 잘 고정시켜줍니다.

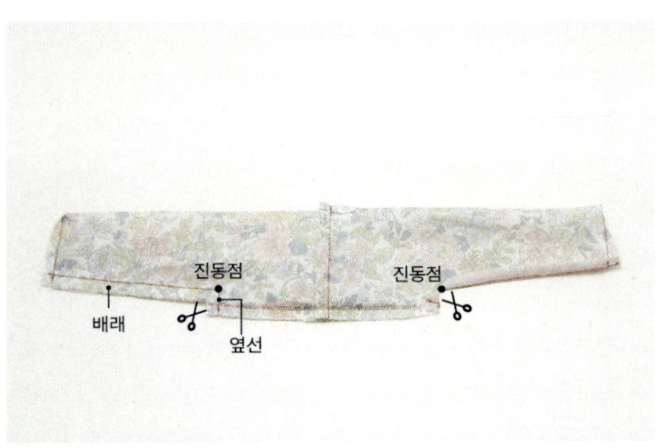

16. 배래와 옆선을 박음질한 다음, 진동점을 향해 사선으로 가위집을 넣어줍니다. 시접은 겉감 쪽(뒷길 쪽)으로 넘겨줍니다.

17. 겉감의 고대 안쪽으로 손을 넣어 뒤집고, 안감이 겉감 쪽으로 밀리지 않도록 섶, 도련, 소맷부리를 다림질합니다.

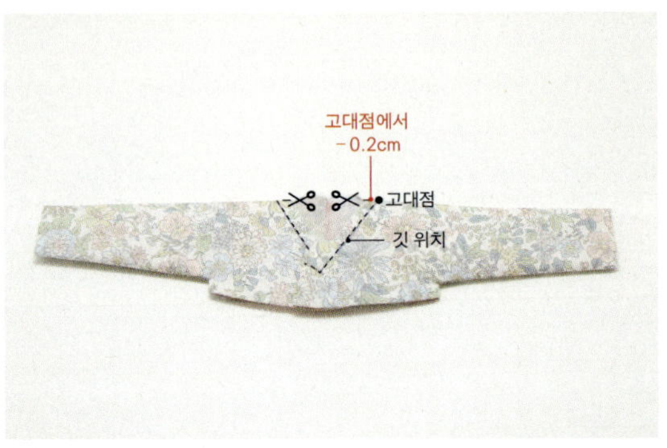

18. 겉감 쪽에서 앞길의 좌우에 깃이 달릴 위치를 표시합니다. 겉감의 양쪽 고대점에서 -0.2cm 지점까지 가위집을 넣어줍니다.

19. 뒷길에도 패턴을 대고 깃 위치를 표시합니다.

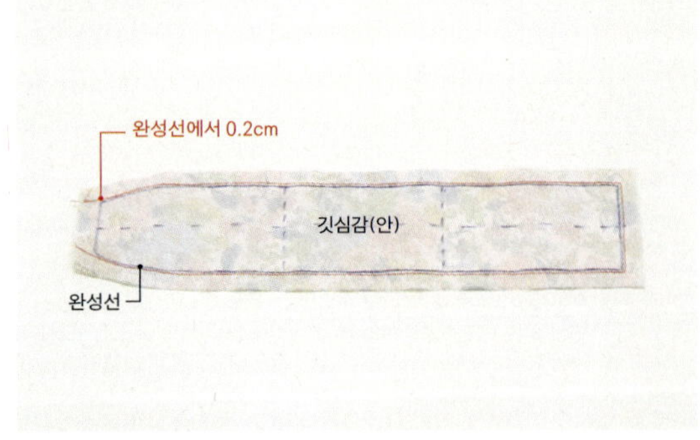

20. 깃감의 안쪽에 심감을 대고, 심감에 완성선을 표시해줍니다. 완성선에서 시접 방향으로 0.2cm 나가서 고정 박음을 해줍니다.

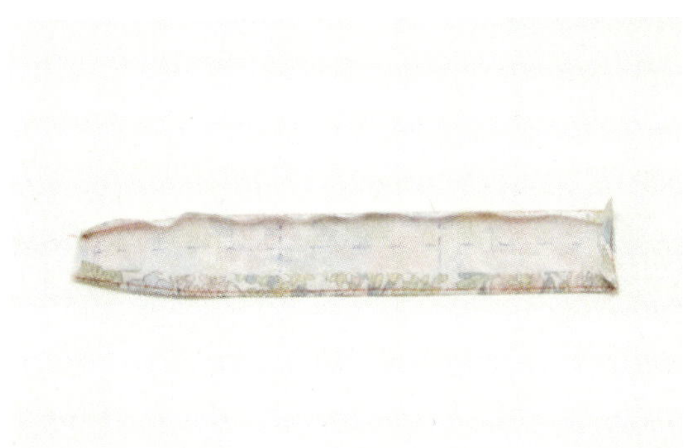

21. 깃의 완성선을 꺾어 다림질합니다.

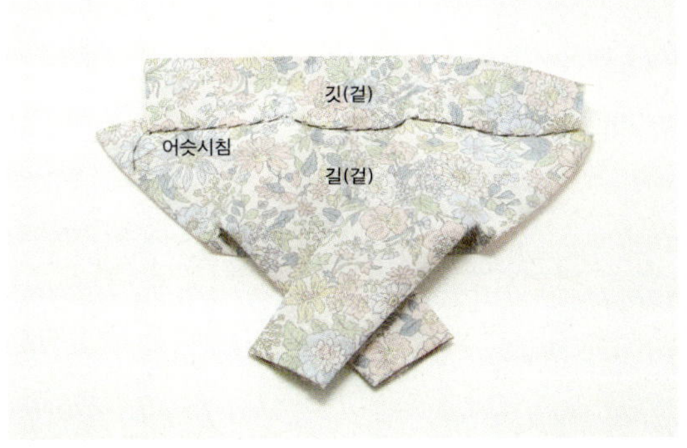

22. 깃을 길 위에 얹음 다음, 그려 놓은 깃의 위치를 따라서 어슷시침합니다.

23. 깃의 겉을 길 쪽으로 넘기고, 깃의 안쪽에서 완성선을 박음질해줍니다.

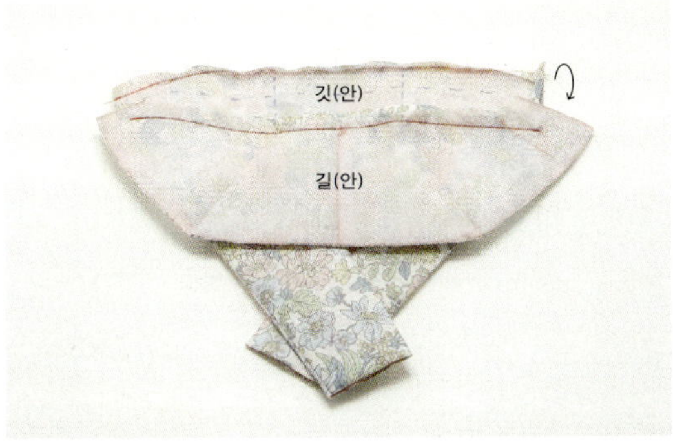

24. 어슷시침을 떼고, 골선을 따라 깃을 접어줍니다.

25. 깃이 달린 선을 따라 안감 쪽에서 공그르기합니다. 깃머리와 안깃도 시접을 접고 안팎으로 공그르기합니다.

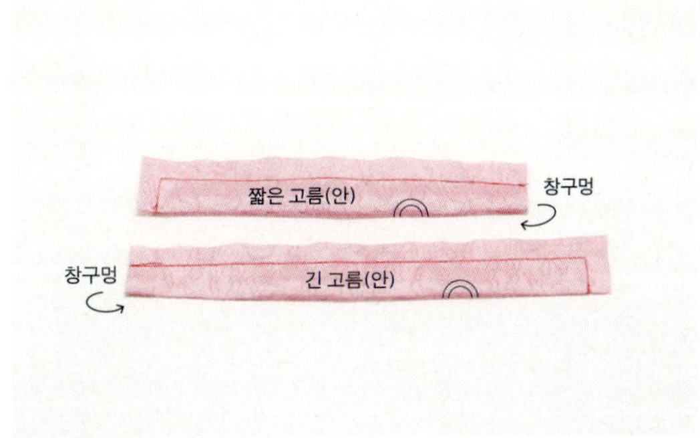

26. 고름감의 창구멍 쪽 시접을 완성선을 따라 안으로 접어주세요. 그리고 고름의 겉과 겉이 맞닿게 폭을 반으로 접은 다음 완성선을 박음질해줍니다.

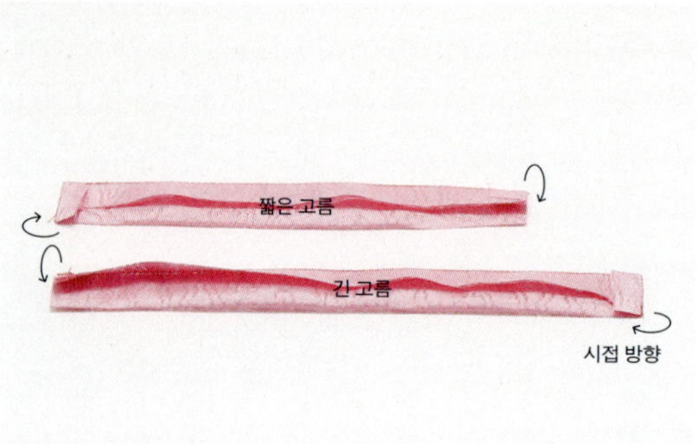

27. 시접을 사진과 같은 방향으로 넘긴 다음, 창구멍으로 뒤집어서 다림질해줍니다.(고름 완성 크기는 패턴에 표기되어 있습니다.)

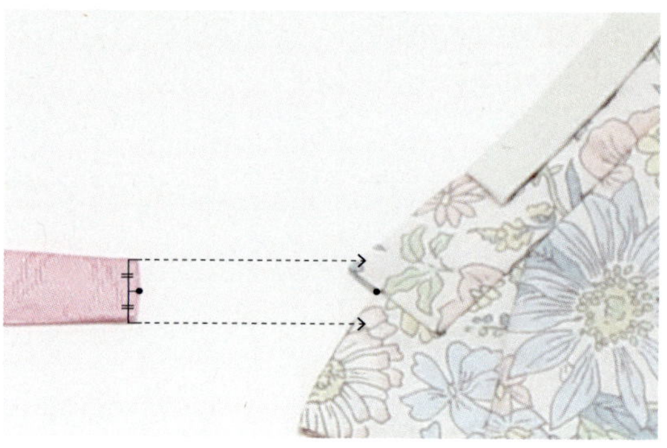

28. 긴 고름은 고름 너비의 1/2 지점이 깃머리 시작점과 만나게 하고, 고름 끝에서 0.1cm 들어와서 박음질합니다.

29. 짧은 고름은 오른쪽 앞길에 달아줍니다. 고름 너비만큼 간격을 둔 상태에서 긴 고름과 평행이 되게 놓은 다음, 끝에서 0.1cm 들어와서 박음질해줍니다. 고름의 솔기 방향은 위로 향하게 합니다.

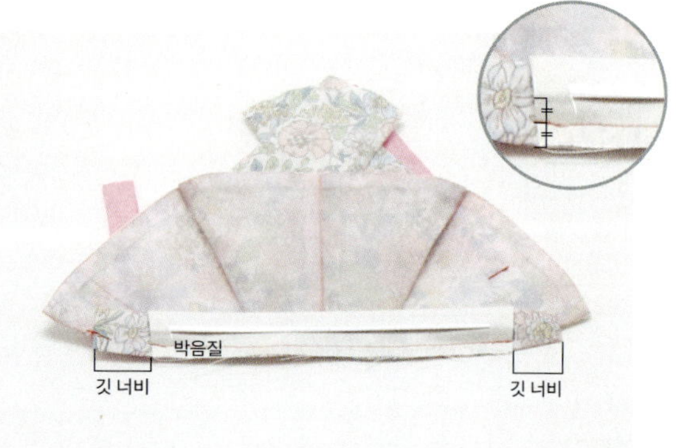

30. 깃 너비만큼 올라간 지점에 동정을 고정하고, 동정 시접의 1/2 선을 따라 홈질이나 박음질합니다.(동정은 59쪽을 참고하여 만듭니다.)

31. 동정을 깃의 겉감 쪽으로 넘겨준 다음, 안쪽에서 숨뜨기합니다.

32. 완성한 옷을 다림질하여 마무리합니다.

동정 만들기

동정은 저고리나 두루마기의 깃 위에 덧댄 흰색의 긴 헝겊을 말하며, 깃에 때가 타지 않도록 보호하는 역할을 합니다. 흰색의 원단으로 동정감을, 흰색의 두꺼운 한지나 마분지로 동정심감을 준비한 후 동정을 만들어봅시다.

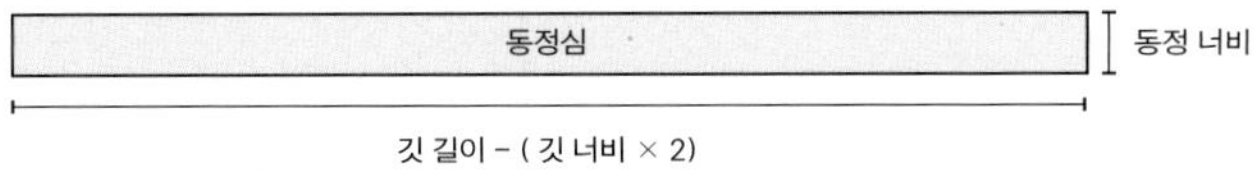

동정심
동정 너비
깃 길이 - (깃 너비 × 2)

1. 동정심의 길이는 깃 길이 - (깃 너비× 2), 너비는 베이비돌 1cm, 파올라레이나 0.7cm, 네오 블라이스 0.5cm, 미디 블라이스 0.3cm로 합니다.

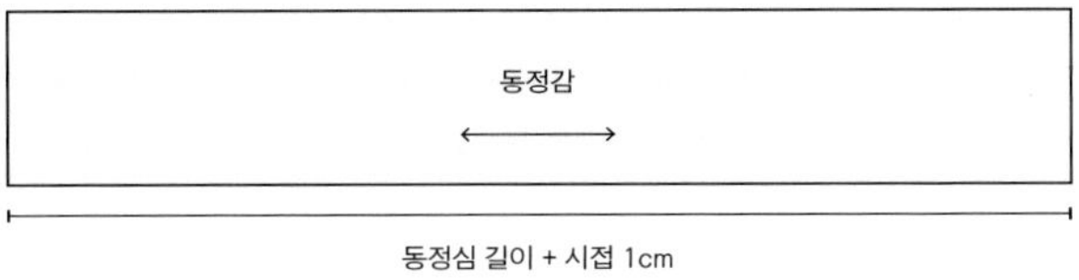

동정감
동정심 길이 + 시접 1cm

2. 동정감의 길이는 동정심 길이 + 시접 1cm, 너비는 베이비돌 3cm, 파올라레이나 2.5cm, 네오 블라이스 1.8cm, 미디 블라이스 1cm로 합니다.

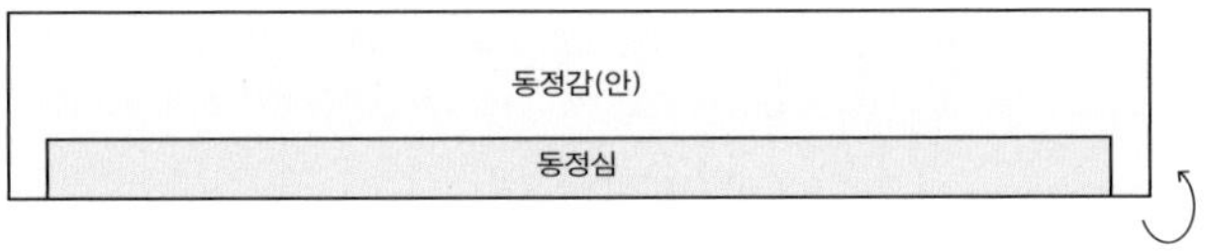

동정감(안)
동정심

3. 동정심에 풀칠을 하고 동정감의 안쪽에 붙인 뒤 다리미로 눌러줍니다.

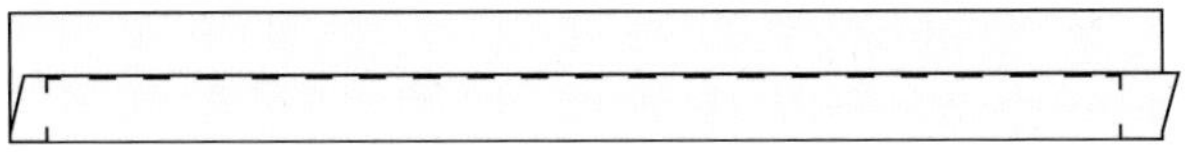

4. 동정심 너비만큼 접은 다음 다림질해줍니다.

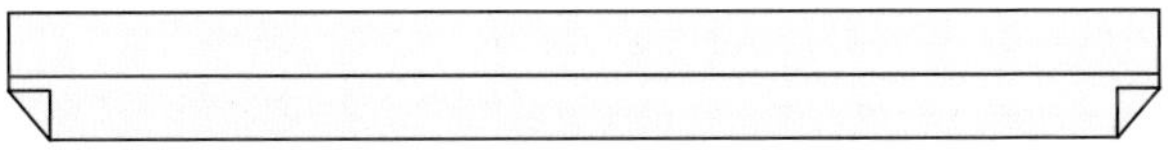

5. 양옆의 시접을 사선으로 접고 풀칠한 다음 다리미로 눌러줍니다.

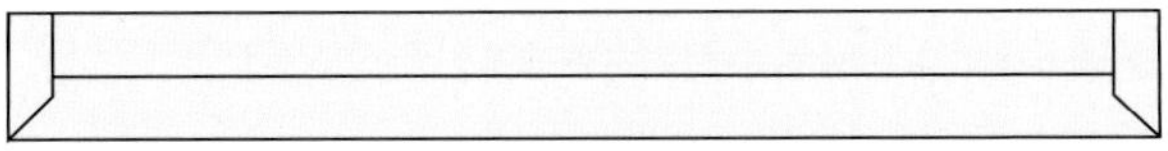

6. 동정심을 완전히 감싸도록 양옆의 시접을 접고 풀칠한 다음 다리미로 눌러줍니다.

4
반회장저고리

'반회장저고리'는 깃, 고름, 끝동에 저고리의 길과 다른 색의 옷감을 댄 여자 저고리를 말합니다. 참고로 저고리의 깃, 고름, 끝동, 겨드랑이가 다른 색인 것은 '회장 저고리' 또는 '삼회장저고리'라고 합니다.

이미지컷 ··· 14-15쪽

○ 형태와 명칭

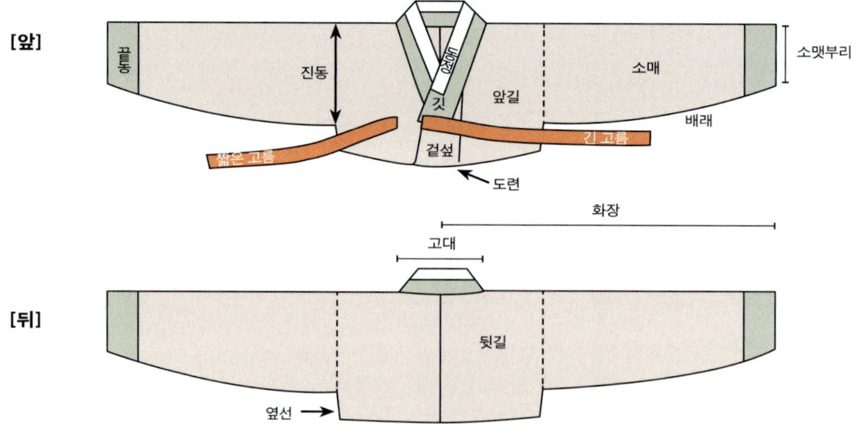

○ 옷감의 양

	베이비돌	파올라레이나	네오 블라이스	미디 블라이스
겉감	38cm×17cm	28cm×15cm	23cm×12cm	16cm×10cm
회장감 (고름감 포함)	18cm×22cm	14cm×19cm	9cm×13cm	8cm×10cm
안감	42cm×17cm	30cm×15cm	25cm×12cm	18cm×10cm
심감	6cm×22cm	4cm×17cm	2.5cm×11cm	2cm×10cm
동정감	3cm×20cm	2.5cm×14cm	1.8cm×9cm	1cm×8cm
실물 패턴	2면 A-2	5면 B-2	8면 C-1	8면 D-1

※ 옷감의 사이즈는 모두 '폭(너비)×길이'의 순서로 표기돼 있습니다.

※ 동정심감은 패턴의 깃 안쪽에 표시된 사이즈로 마름질합니다.

○ 마름질하기

겉감

겉감으로 길(길+소매) 2장, 겉섶 1장을 마름질합니다.

회장감

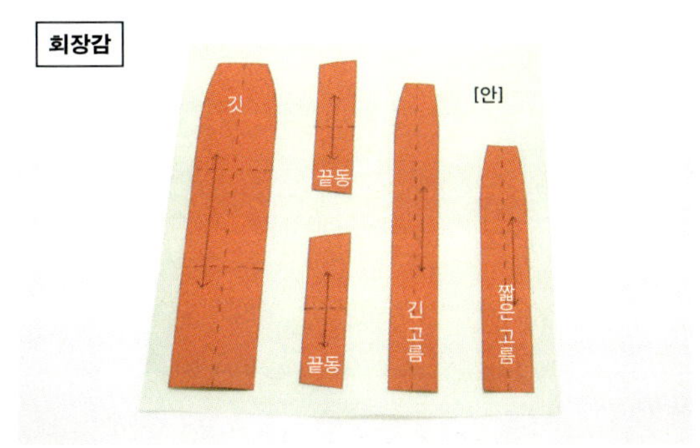

회장감으로 깃 1장, 끝동 2장, 긴 고름 1장, 짧은 고름 1장을 마름질합니다.

안감

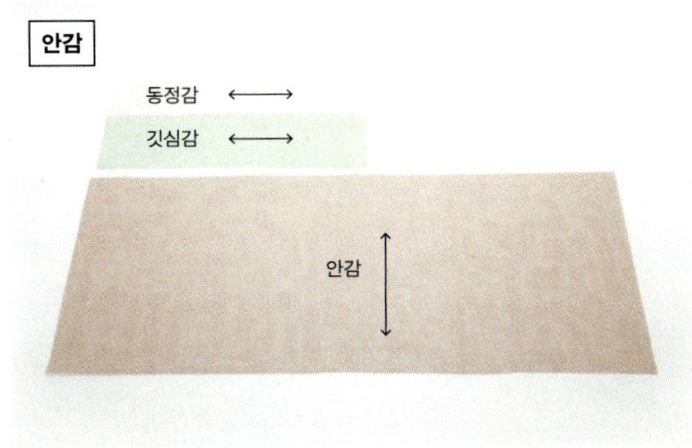

안감으로 직사각형의 몸판 1장을 마름질합니다. 깃심감 1장과 동정감 1장도 마름질해줍니다.

마름질된 옷감

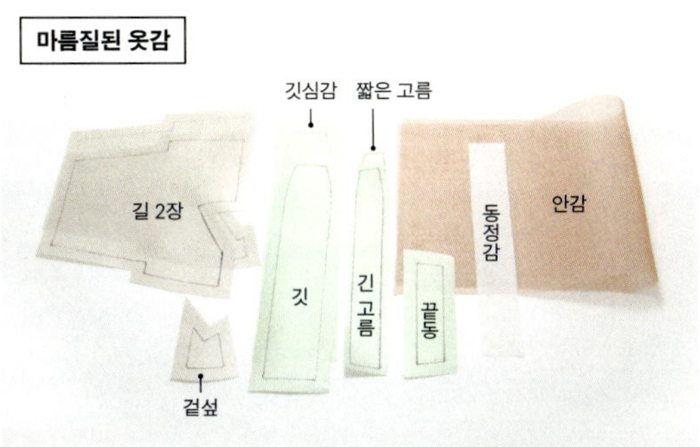

시접은 베이비돌 1cm, 파올라레이나 0.5~0.7cm, 블라이스 0.5cm로 합니다. 고름 시접은 모두 0.5cm로 합니다.(실물 패턴은 시접이 포함되지 않은 크기입니다.)

○ 바느질하기

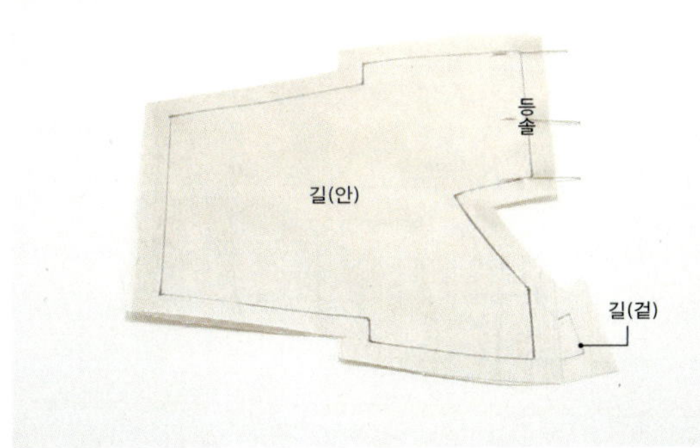

1. 좌우 길(길+소매)의 겉과 겉을 마주 대고, 등솔(등중심선)을 핀으로 고정한 다음 박음질합니다.

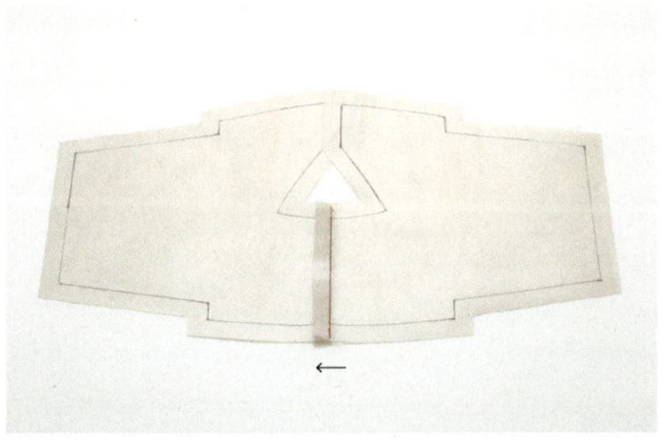

2. 등솔 시접은 입어서 오른쪽으로 넘어가게 다림질합니다.

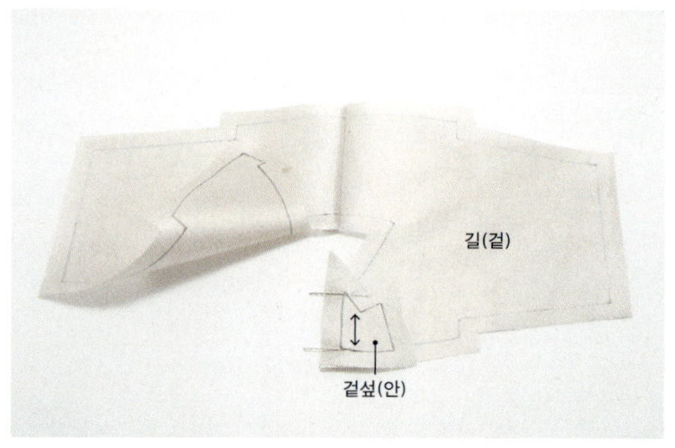

3. 겉섶의 곧은올을 착용 시 앞길의 겉섶선과 만나게 한 후 핀으로 고정해줍니다.

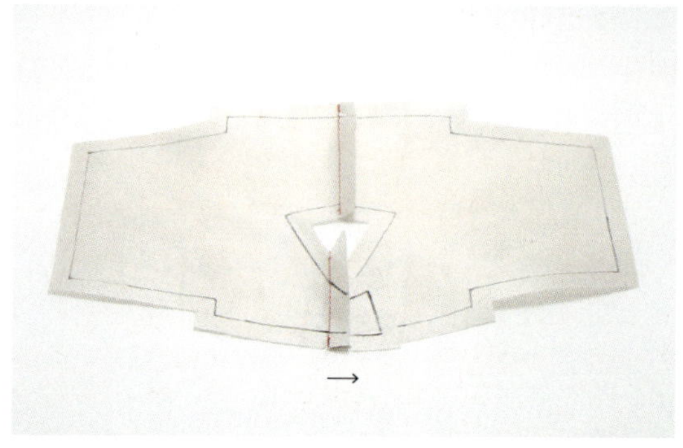

4. 겉섶의 겉과 앞길의 겉을 마주 대고 박음질하고, 시접은 겉섶 쪽으로 넘겨줍니다.

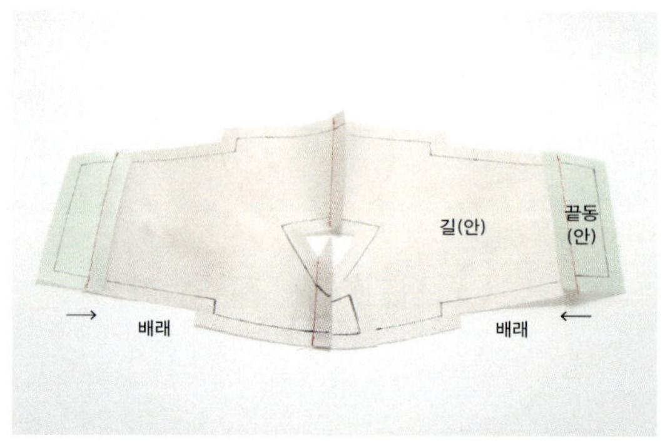

5. 소매의 겉과 회장감 끝동의 겉을 중심부터 양쪽 배래 쪽으로 맞추어 고정시키고 박음질합니다. 시접은 소매 쪽으로 넘겨 다림질해줍니다.

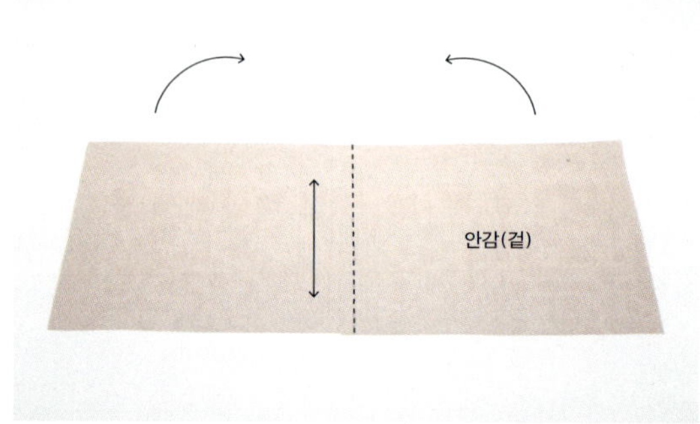

6. 안감은 골선을 따라 겉과 겉이 만나게 접어줍니다.

7. 앞길과 뒷길의 길이가 1cm 차이 나도록 다시 접어줍니다.

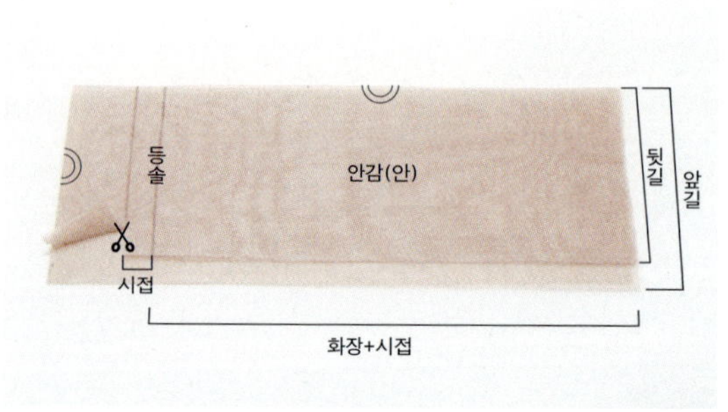

8. 등솔(뒷중심선)과 시접선을 표시한 다음 위의 2장만 시접을 잘라냅니다.

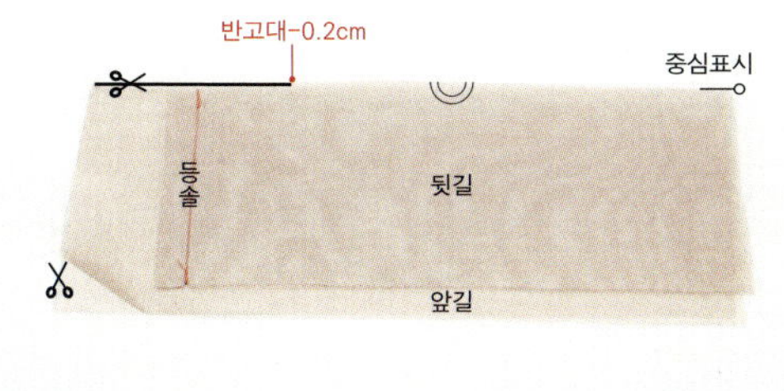

9. 등솔을 박음질하고, 반고대-0.2cm 지점까지 잘라줍니다. 어깨 시접에 중심표시를 하고, 앞길의 중심선을 트여줍니다.

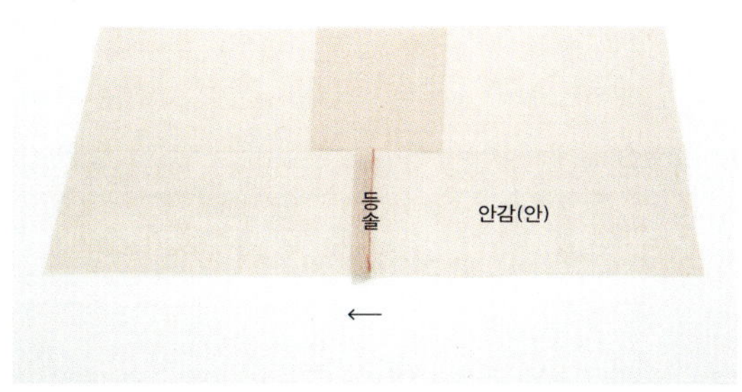

10. 박음질한 등솔의 시접은 입었을 때 겉감과 반대가 되도록(왼쪽으로) 넘겨줍니다.

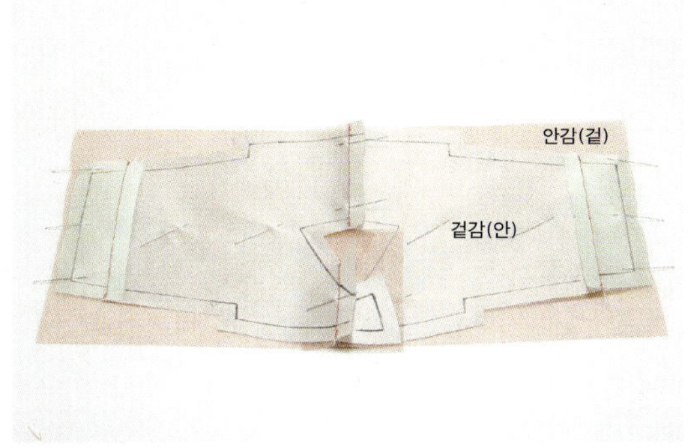

11. 겉감의 겉과 안감의 겉을 마주 놓고 등솔을 기준으로 어깨 중심과 소맷부리를 시침핀으로 고정합니다.

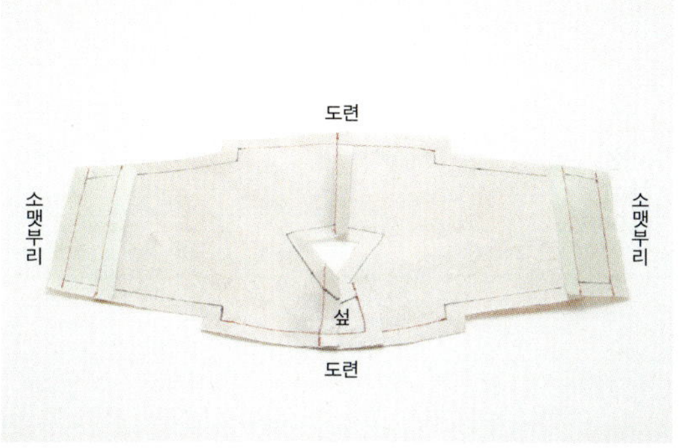

12. 섶, 도련, 소맷부리를 박음질하고, 안감 시접은 겉감과 동일하게 잘라줍니다.

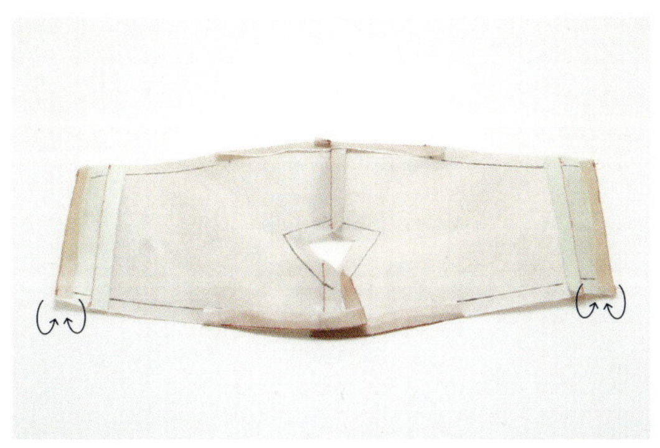

13. 박음질한 섶과 도련, 소맷부리의 시접은 안감에서 겉감 쪽으로 넘겨서 접은 다음 다림질합니다. 양쪽 앞길을 뒤집어 겉감과 안감의 뒷길 사이에 끼워 넣어줍니다.

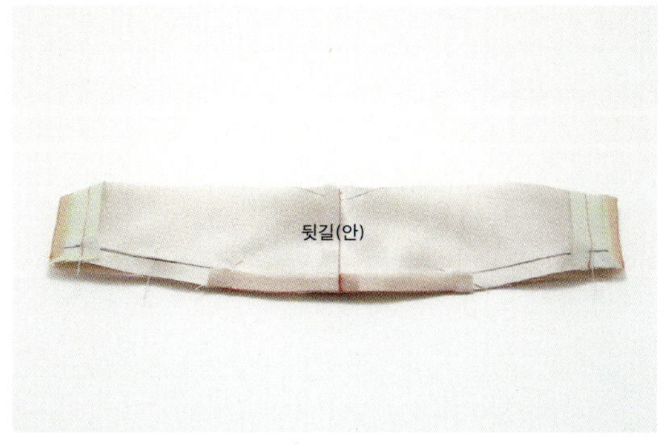

14. 안으로 들어가는 부분은 소맷부리와 도련 끝까지 밀어 넣은 다음 4겹이 되게 잘 고정시켜줍니다.

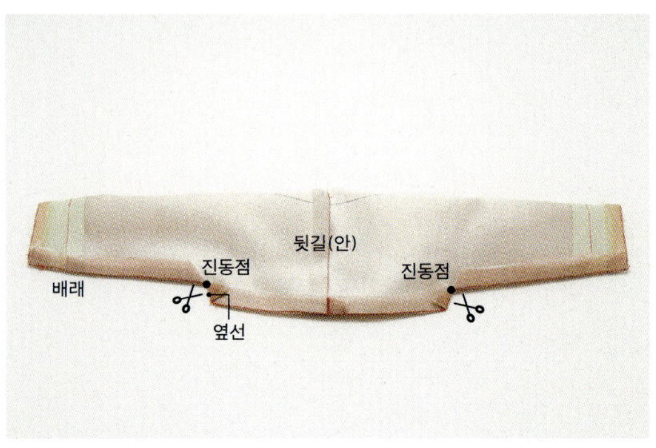

15. 배래와 옆선을 박음질한 다음 진동점을 향해 가위집을 넣어줍니다. 시접은 걸감 쪽(뒷길 쪽)으로 넘겨줍니다.

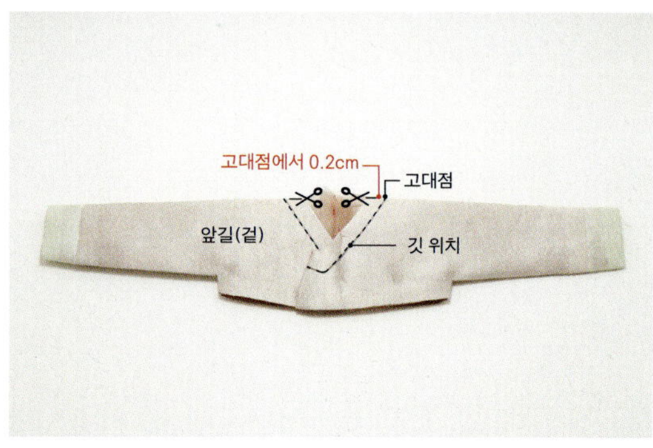

16. 걸감의 고대 안쪽으로 손을 넣어 뒤집고, 안감이 걸감 쪽으로 밀리지 않게 다림질해줍니다. 앞길의 좌우에 깃의 위치를 표시하고, 뒷길에서도 깃 위치를 표시해줍니다. 그리고 걸감의 양쪽 고대점에서 -0.2cm까지 가위집을 넣어줍니다.

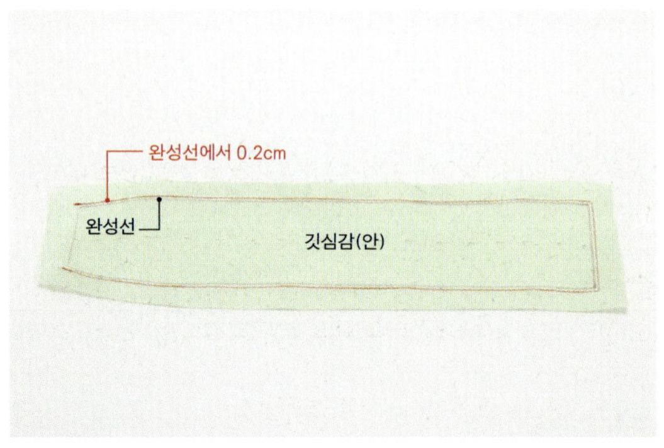

17. 깃감의 안쪽에 심감을 대고, 심감에 완성선을 표시해줍니다. 완성선에서 시접 방향으로 0.2cm 나가서 고정 박음을 해줍니다.

18. 깃의 완성선을 꺾어 다림질합니다.

19. 깃을 길 위에 놓고 그려 놓은 깃 위치를 따라가며 어슷시침합니다.

20. 깃을 길 쪽으로 넘기고, 깃 안쪽에서 완성선을 박음질해줍니다.

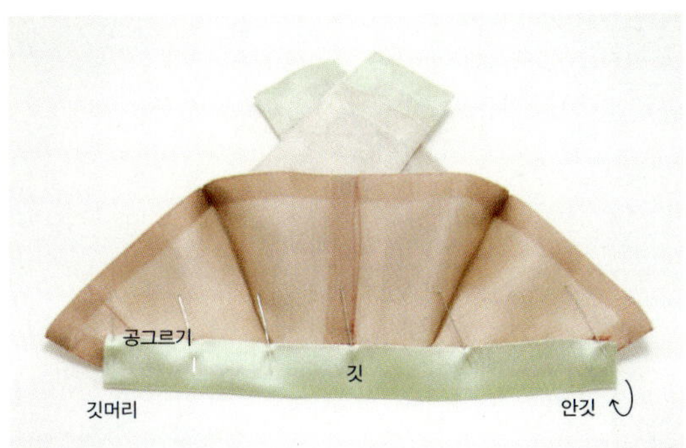

21. 어슷시침을 떼고, 골선을 따라 안감깃을 접어주세요. 그 다음 깃이 달린 선을 따라 공그르기합니다. 깃머리와 안깃도 시접을 접고 안팎으로 공그르기합니다.

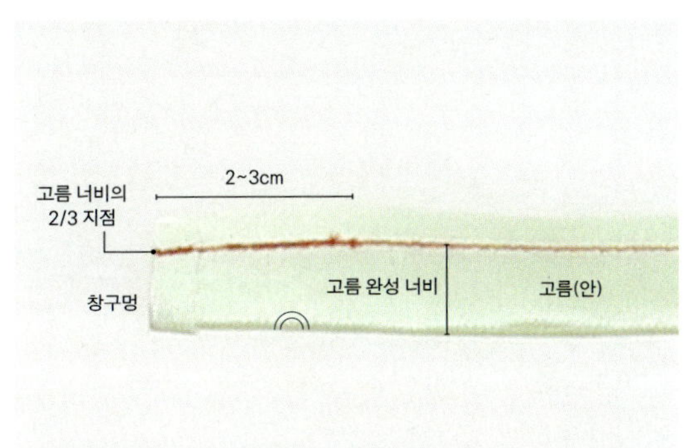

22. 고름감은 창구멍 쪽 시접을 안으로 접어준 다음 완성선을 박음질합니다. 이때 고름 너비의 2/3 지점에서 시작하여 고름 너비를 줄여줘야 합니다. 고름이 편하게 묶이도록 하기 위함인데, 0.5~0.7cm 정도의 너비가 좁은 고름은 줄이지 않고 직선으로 박음질하여도 무관합니다.

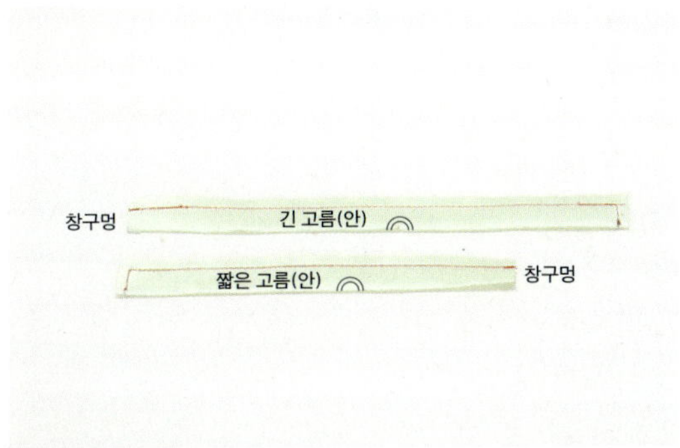

23. 고름의 겉과 겉이 마주 닿게 반으로 접은 다음 박음질합니다. 창구멍으로 뒤집어서 다림질해줍니다.(고름 완성 크기는 패턴에 표기되어 있습니다.)

24. 긴 고름은 고름 너비의 1/2 지점을 깃머리 시작점과 맞춰줍니다. 짧은 고름은 고름 너비만큼 간격을 둔 상태에서 긴 고름과 평행이 되게 놓고 박음질합니다. 고름의 솔기 방향은 위로 향하게 합니다.

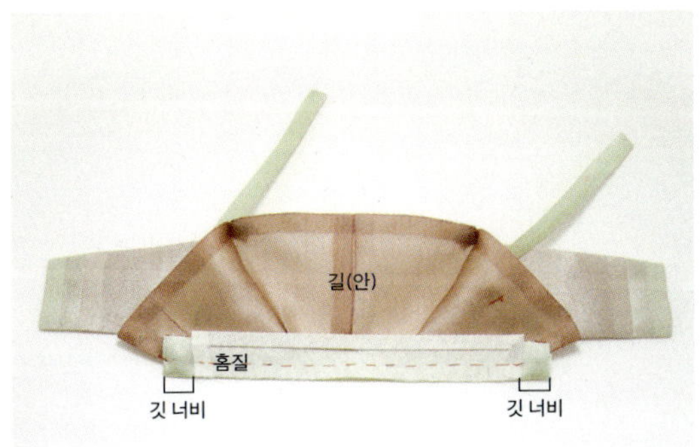

25. 깃 너비만큼 올라간 지점에 동정을 고정하고, 동정 시접의 1/2 선을 따라 홈질이나 박음질합니다.(동정은 59쪽을 참고하여 만듭니다.)

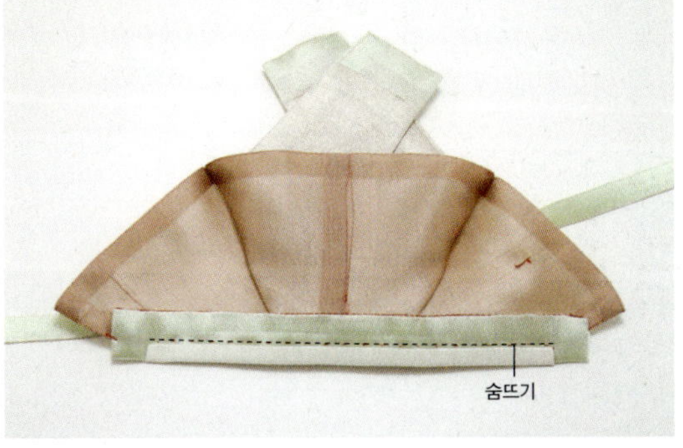

26. 동정을 겉감깃 쪽으로 넘겨준 다음, 안쪽에서 숨뜨기합니다.

5
남자 색동저고리

오색천을 이어서 소매를 만든 '색동저고리'는 돌이나 명절에 어린아이가 주로 입었습니다. 소매 부분에 무지개를 연상시키는 여러 가지 색을 반복하여 배색하고, 활동의 편리성을 위해서 몸통을 한 바퀴 돌려 맬 수 있는 긴 돌림고름이 달려 있는 것이 특징입니다.

이미지컷 … 10~11쪽

○ 형태와 명칭

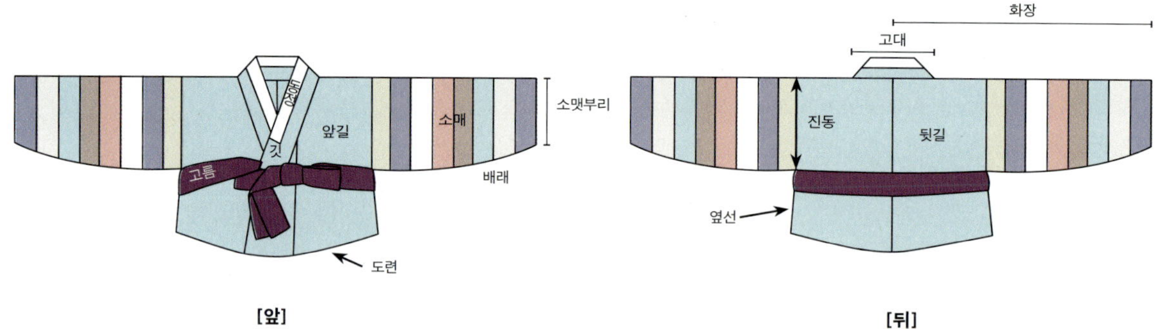

[앞] [뒤]

○ 옷감의 양

	베이비돌	파올라레이나
겉감	35cm×30cm	20cm×24cm
안감 (깃심감 포함)	47cm×30cm	38cm×24cm
색동감 (8가지 색상)	5cm×14cm	4cm×11cm
고름감	4cm×57cm	3cm×44cm
동정감	3cm×20cm	2.5cm×16cm
실물 패턴	1면 A-3	5면 B-3

※ 옷감의 사이즈는 모두 '폭(너비)×길이'의 순서로 표기돼 있습니다.
※ 동정심감은 패턴의 깃 안쪽에 표시된 사이즈로 마름질합니다.

한복 상식 1. 색동 이야기

색동저고리는 오방색을 기본으로 배합돼 있습니다. 남쪽은 빨강, 북쪽은 검정, 동쪽은 파랑, 서쪽은 하양, 중앙은 노랑이며, 검정은 죽음을 상징한다고 하여 제외되기도 합니다.

○ 마름질하기

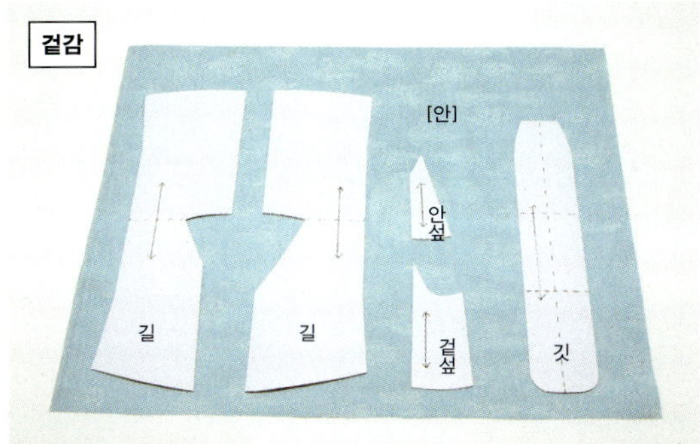

걸감으로 길 2장, 겉섶 1장, 안섶 1장, 깃 1장을 마름질해줍니다.

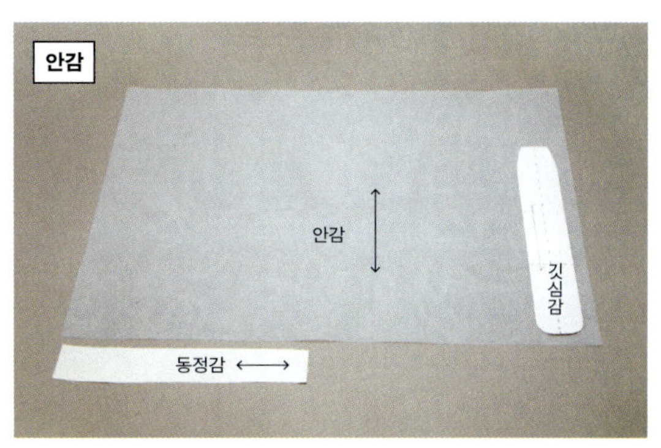

안감으로 직사각형의 몸판 1장(**베이비돌** 41cm×30cm, **파올라레이나** 33cm×24cm)과 깃심감 1장, 동정감 1장을 마름질합니다.

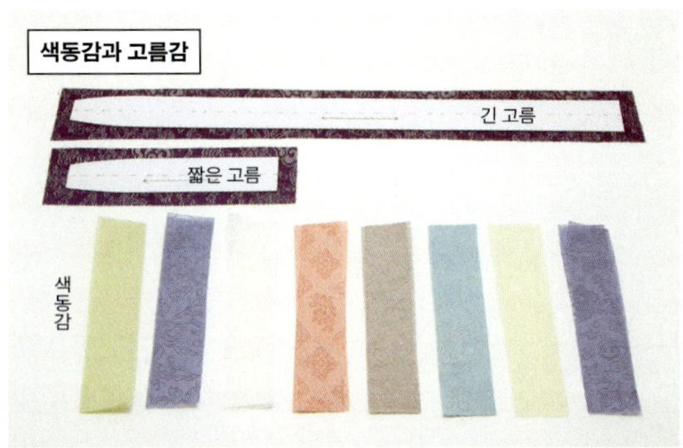

8가지 색상의 색동감 2장씩과 긴 고름 1장, 짧은 고름 1장을 마름질합니다.

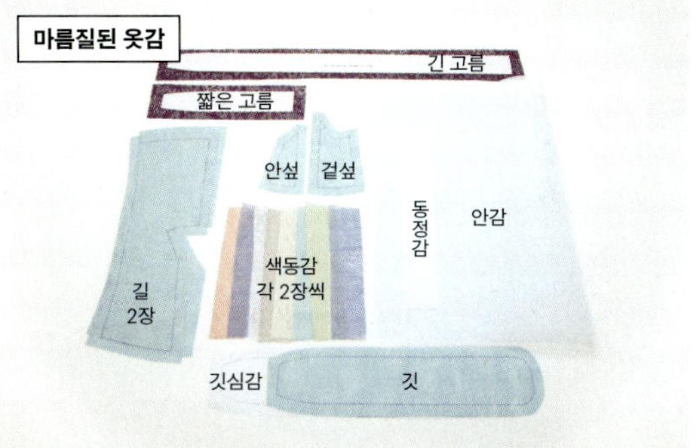

베이비돌과 파올라레이나 모두 시접은 1cm, 색동과 고름 시접은 0.5cm로 합니다.(실물 패턴은 시접이 포함되지 않은 크기입니다.)

○ 바느질하기

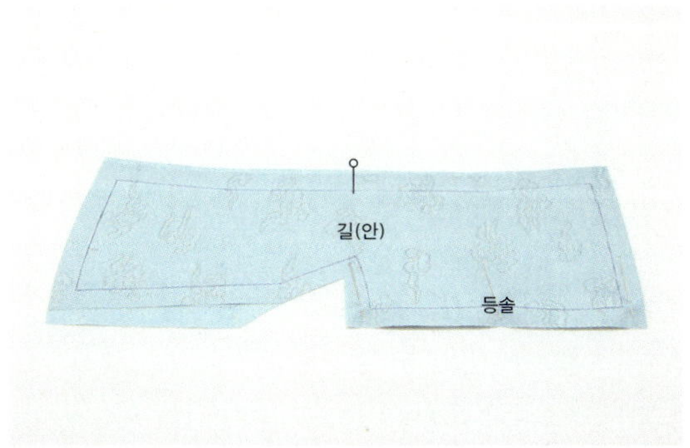

1. 길의 어깨 골선 시접에 중심표시를 해줍니다. 그리고 겉과 겉을 마주 놓고 뒷길의 등솔(뒷중심선)을 고정시킨 다음 박음질합니다.

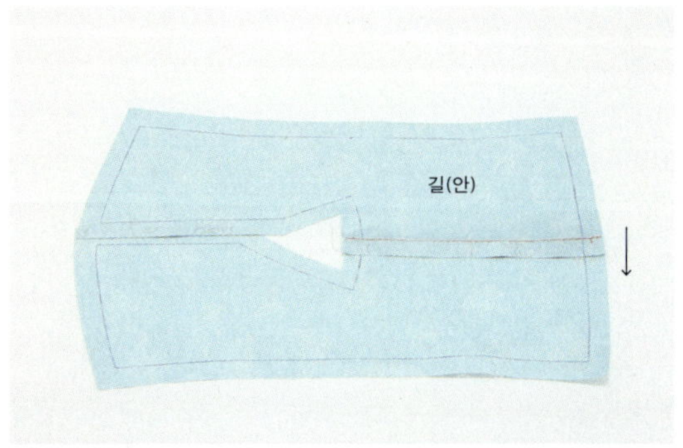

2. 등솔 시접은 입어서 오른쪽으로 넘어가게 다림질합니다.

3. 앞길의 어슨솔기와 겉섶이 만나게 박음질하고, 시접은 겉섶 쪽으로 넘겨줍니다. 그 다음 앞길의 중심선과 안섶이 만나게 박음질하고, 시접은 길 쪽으로 넘겨줍니다.

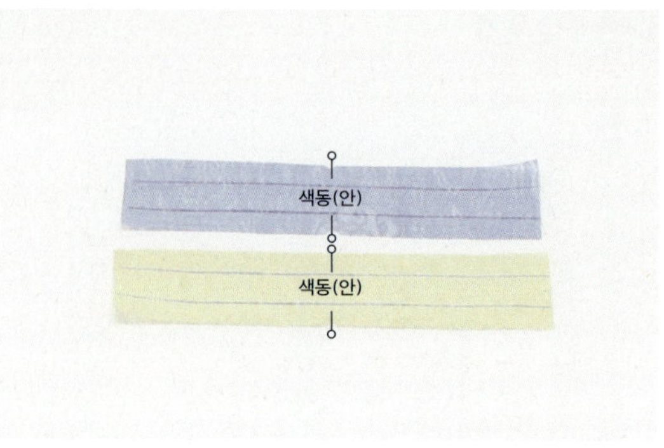

4. 색동감은 골선 시접에 중심표시를 해줍니다. 색동을 이을 때는 중심부터 배래 쪽으로 맞추어 고정시켜야 합니다.

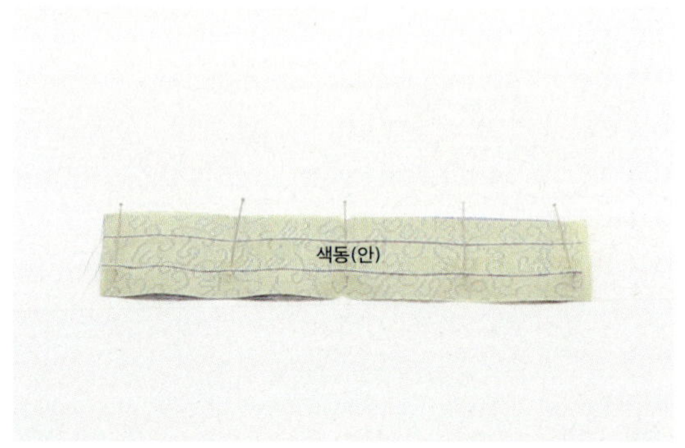

5. 색동 순서대로 겉과 겉을 맞댑니다. 완성선을 표시하고 박음질합니다.

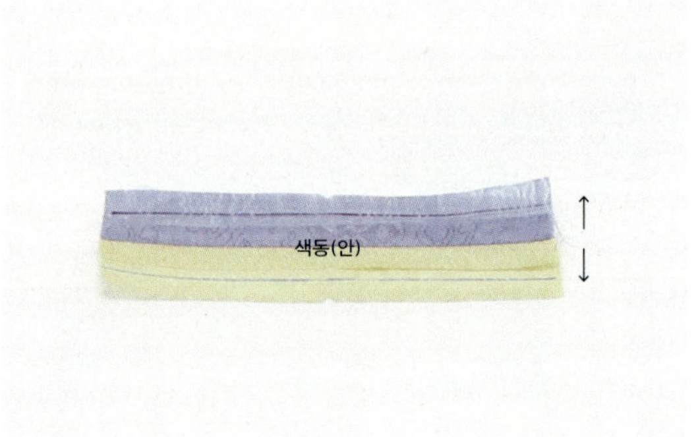

6. 시접은 가름솔해줍니다.

7. 색동을 차례로 이어 완성하는데, 이때 양쪽 소매는 대칭이 되어야 합니다.

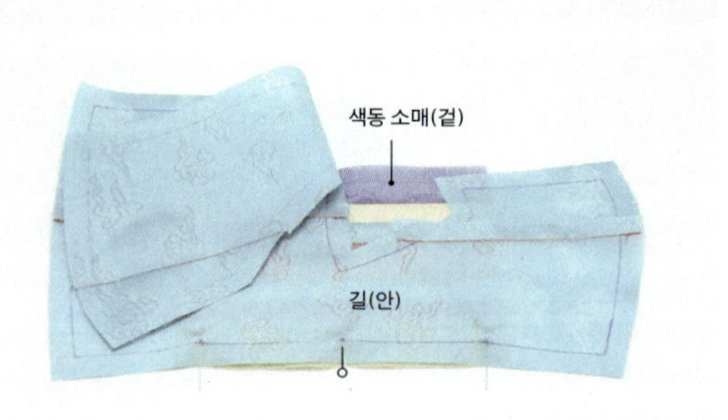

8. 길의 어깨 중심과 소매의 중심을 맞추어 핀으로 고정시킵니다.

9. 한쪽 진동점에서 다른 쪽 진동점까지만 박음질해줍니다.

10. 길의 진동점에 가위집을 주고, 시접은 가름솔해준 다음 다림질합니다. 다른 쪽 소매도 같은 방법으로 만들어 겉감을 완성합니다.

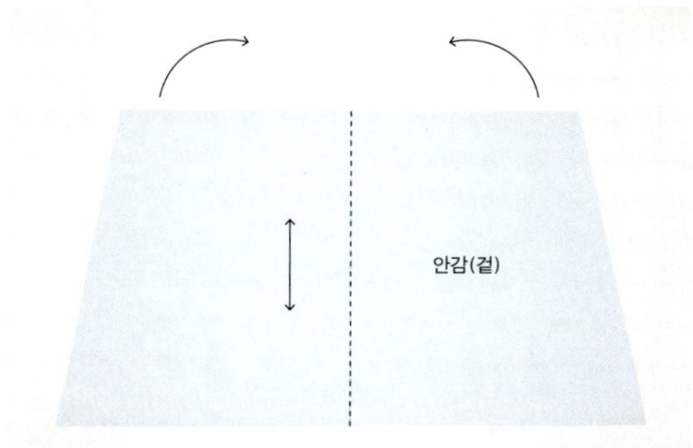

11. 골선을 따라 겉과 겉이 만나도록 안감을 접어줍니다.

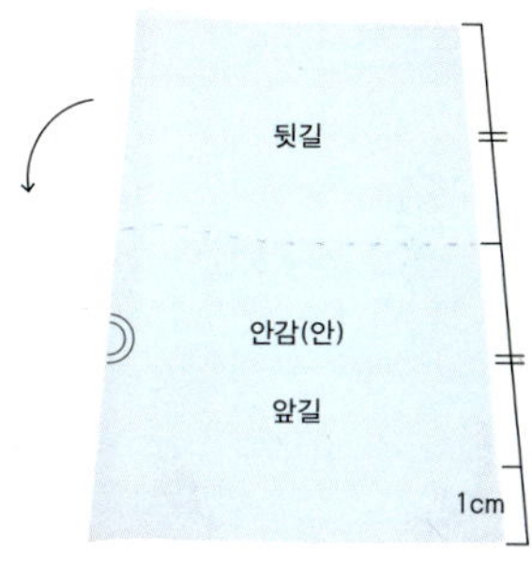

12. 앞길과 뒷길의 길이가 1cm 차이 나도록 다시 접습니다.

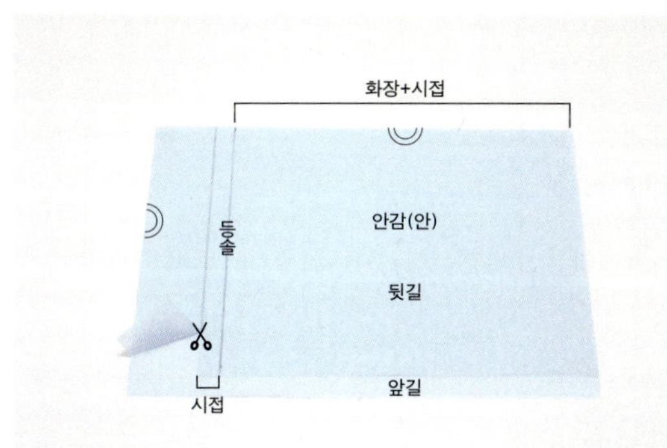

13. 등솔(뒷중심선)과 시접선을 표시한 다음 위의 2장만 시접을 잘라냅니다.

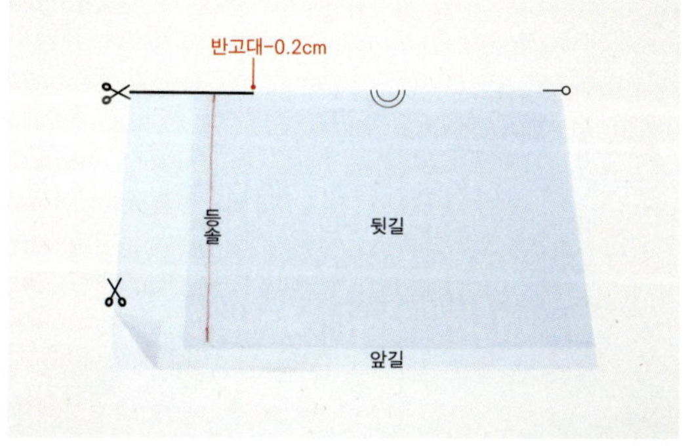

14. 등솔을 박음질하고, 반고대-0.2cm까지 잘라줍니다. 어깨 시접에 중심표시를 해주고, 앞길 중심선을 트여줍니다.

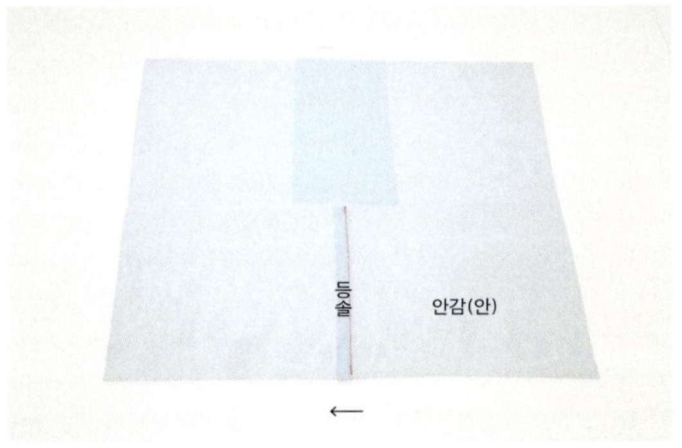

15. 박음질한 시접은 입었을 때 겉감과 반대가 되도록 넘겨줍니다.

16. 겉감의 겉과 안감의 겉을 마주 놓고 등솔선을 기준으로 어깨 중심과 소맷부리를 시침핀으로 고정해줍니다.

17. 섶과 도련, 소맷부리를 박음질한 다음, 안감 시접은 겉감과 같은 크기로 잘라줍니다.

18. 박음질한 시접은 겉감 쪽(뒷길 쪽)으로 넘겨서 다림질합니다.

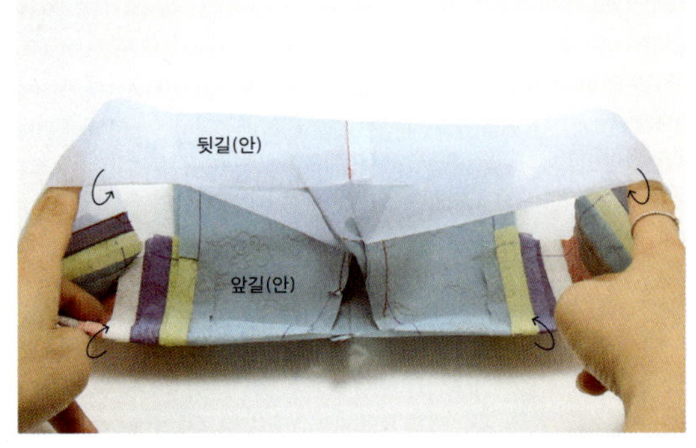

19. 양쪽 앞도련을 뒤집어 겉감과 안감의 뒷길 사이에 끼워 넣습니다.

20. 안으로 들어가는 부분은 소맷부리와 진동 끝까지 밀어 넣고 4겹이 되도록 잘 고정시킵니다.

21. 배래를 박음질한 다음, 안감의 진동점에 가위집을 줍니다. 시점은 겉감 쪽(뒷길 쪽)으로 넘겨줍니다.

22. 겉감의 고대 안쪽으로 손을 넣어 뒤집어줍니다. 이때 색동이 배래선에서 잘 맞는지 확인합니다.

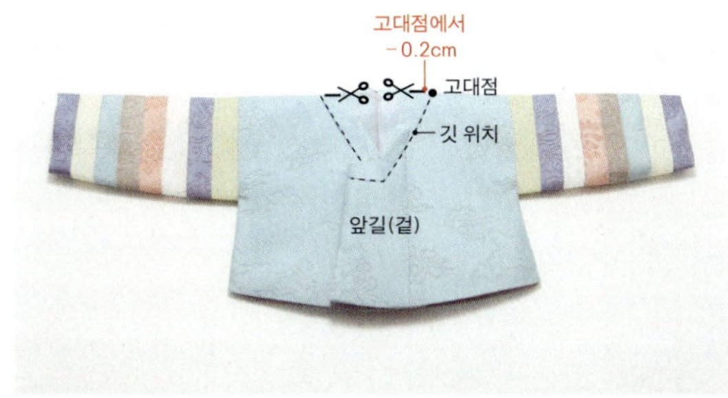

23. 안감이 겉감 쪽으로 밀리지 않게 다림질한 다음, 앞길의 좌우에 깃의 위치를 표시합니다. 뒷길에서도 깃의 위치를 표시하고, 겉감의 양쪽 고대점에서-0.2cm까지 가위집을 넣어줍니다.

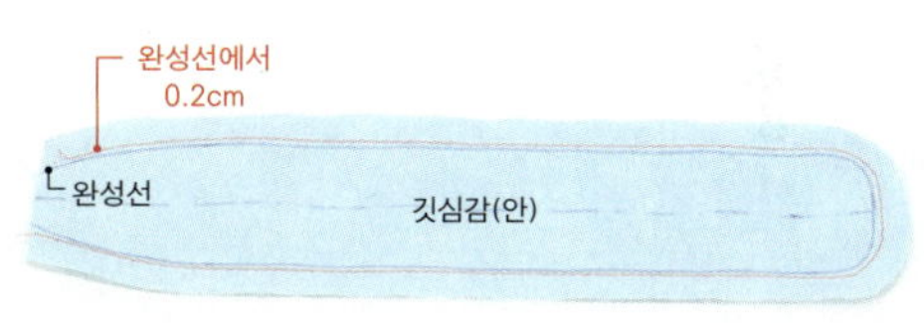

24. 깃의 안쪽에 심감을 대고, 가장자리 완성선에서 시접 쪽으로 0.2cm 나간 지점에 고정 박음을 해줍니다.

25. 깃머리 시접에 홈질을 합니다.

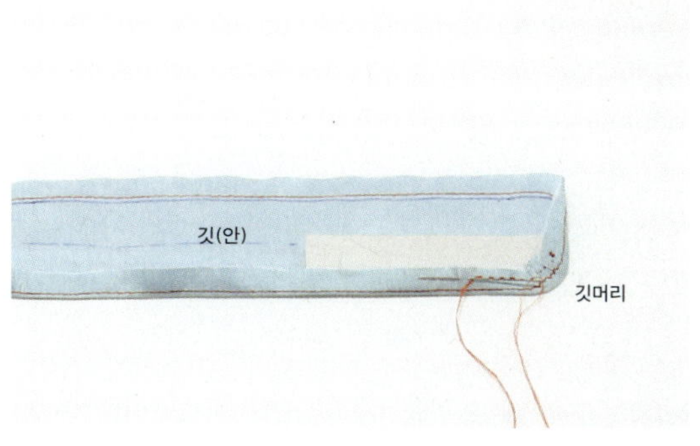

26. 가장자리 완성선을 꺾어 다림질을 해줍니다. 깃머리 부분은 안쪽에 깃머리 모양의 두꺼운 종이를 대고, 깃 모양을 살리면서 홈질한 실을 잡아당겨 오그려주세요

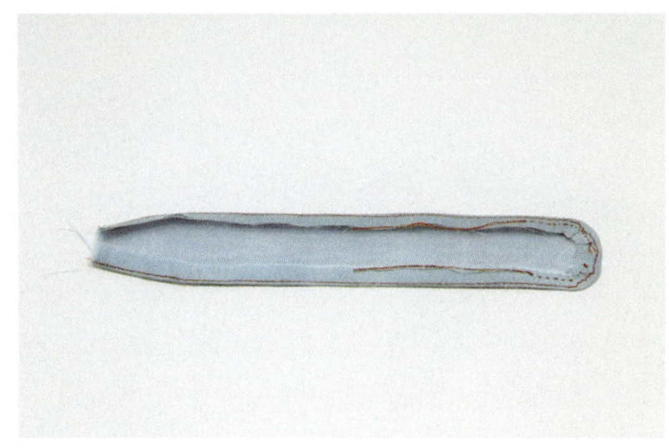

27. 양쪽 깃이 대칭이 되도록 만들어줍니다.

28. 겉감깃을 길 위에 놓고 그려 놓은 깃 위치를 따라가며 어슷시침합니다.

29. 깃을 길 쪽으로 넘겨준 다음, 겉감깃 안쪽에서 완성선을 박음질합니다.

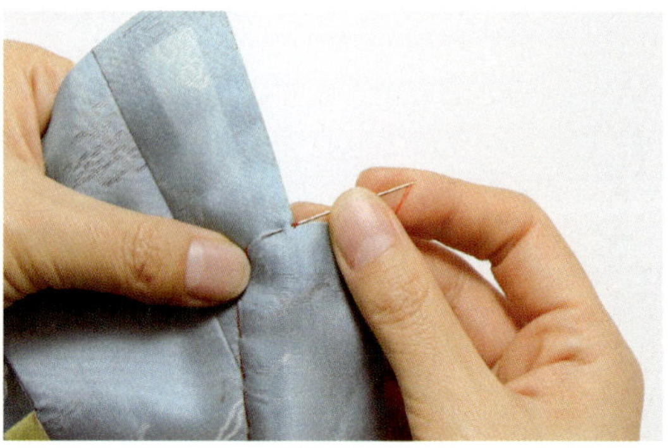

30. 깃머리의 둥근 부분은 안감 쪽에서 박음질하기 힘들기 때문에 겉감 쪽에서 공그르기합니다.

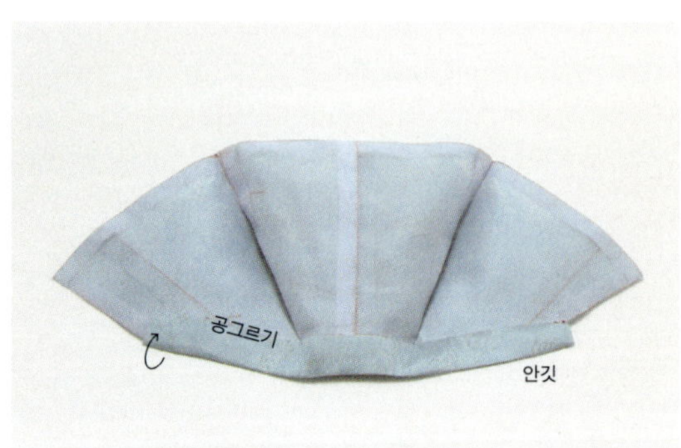

31. 어슷시침을 떼고, 안감깃을 길의 안감 쪽으로 넘긴 다음 깃이 달린 선을 따라 공그르기합니다. 안깃 쪽도 시접을 접고 안팎으로 공그르기합니다.

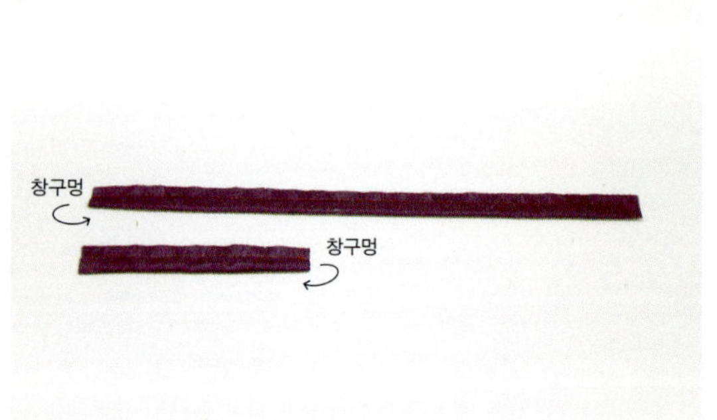

32. 고름은 창구멍 쪽 시접을 안으로 접고, 고름의 겉감이 마주 닿게 폭을 반으로 접은 다음 박음질해줍니다. 창구멍으로 뒤집어서 다림질합니다.(고름 완성 크기는 패턴에 표기되어 있습니다.)

33. 긴 고름은 고름 너비의 1/2 지점을 깃머리 시작점과 맞춰 줍니다. 짧은 고름은 고름 너비만큼 간격을 둔 상태에서 고름 너비의 1/2만큼 아래로 내려서 박음질합니다.

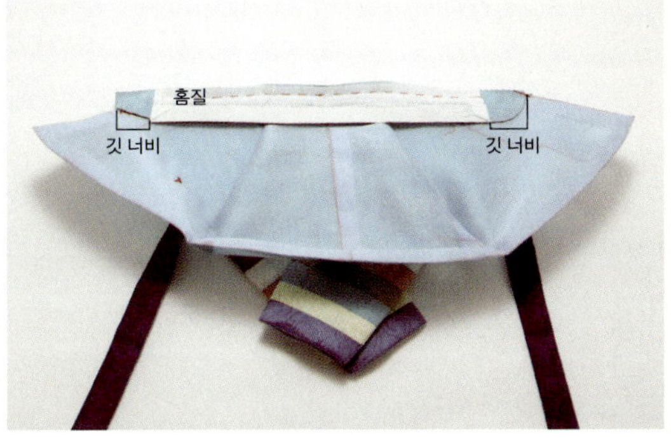

34. 깃 너비만큼 올라간 지점에 동정을 놓고, 동정 시접의 1/2 선을 따라 홈질이나 박음질합니다.(동정은 59쪽을 참고하여 만듭니다.)

35. 동정을 겉감깃 쪽으로 넘기고, 안쪽에서 숨뜨기합니다.

바느질 상식 3. **마름질하기 전에 주의할 점**

마름질하기 전에는 옷감의 겉과 안을 구별해주는 작업을 먼저 해야 합니다. 보통 무늬나 색상, 광택이 뚜렷한 것, 식서 부분에 새겨진 글씨가 바른 것이 '겉'입니다. 겉과 안을 혼동하기 쉬우므로 마름질을 하고 나서 바로 표시해주는 것이 좋습니다. 옷감을 바르게 손질한 후에는 패턴의 기호 표시에 따라 옷감의 안쪽에서 패턴의 완성선을 옮겨 그려주는데요. 이때 옷감의 식서 방향을 고려하는 것이 중요합니다. 제작 과정에서 옷이 틀어지지 않도록 중심표시 또한 정확하게 해주어야 합니다.

6
당의

'당의'는 조선시대에 궁중과 사대부 여인들이 저고리 위에 입던 예복입니다. 형태는 저고리와 비슷하지만 옷의 길이가 길고, 겨드랑이 아래부터 트여 있으며, 도련의 곡선이 아름다운 옷입니다. 깃의 모양은 깃머리 앞부분이 뾰족하게 생긴 당코깃이며, 소매 끝에는 흰색의 옷감으로 거들지를 만들어서 대어줍니다.

이미지컷 ··· 16~17쪽

○ 형태와 명칭

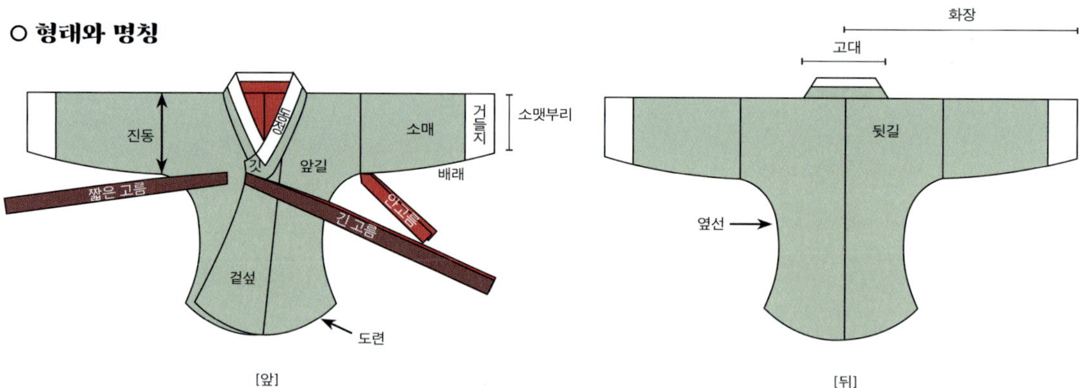

○ 옷감의 양

	베이비돌	파올라레이나	네오 블라이스	미디 블라이스
겉감	40cm×38cm	32cm×30cm	22cm×21cm	18cm×18cm
안감 (안감깃, 안고름 포함)	53cm×38cm	42cm×30cm	26cm×21cm	21cm×18cm
고름감 자주색	8cm×22cm	6cm×17cm	5cm×13cm	4cm×12cm
빨간색	4cm×22cm	3cm×17cm	2.5cm×13cm	2cm×12cm
거들지, 동정감	7cm×26cm	6cm×20cm	–	–
심감 (겉감깃과 같은 색)	4cm×23cm	3.5cm×18cm	2.5cm×12cm	2cm×10cm
(안감깃과 같은 색)	4cm×23cm	3.5cm×18cm	2.5cm×12cm	2cm×10cm
실물 패턴	3면 A-4	6면 B-4	8면 C-2	8면 D-2

※ 옷감의 사이즈는 모두 '폭(너비)×길이'의 순서로 표기돼 있습니다.

※ 동정심감은 패턴의 깃 안쪽에 표시된 사이즈로 마름질합니다.

※ 블라이스는 안고름, 거들지, 동정감을 생략하고 제작합니다.

○ 마름질하기

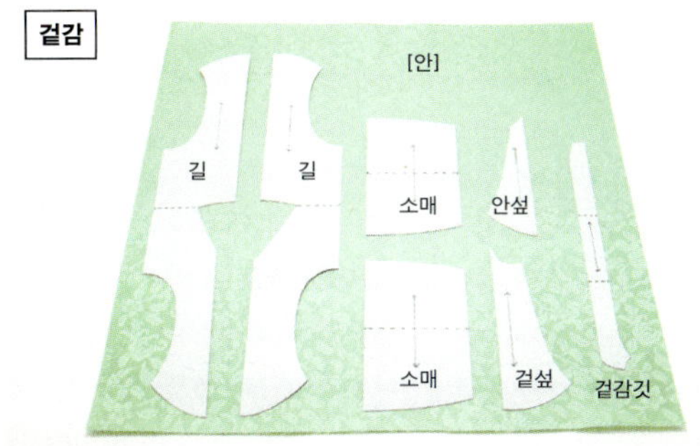

겉감으로 길 2장, 소매 2장, 겉섶 1장, 안섶 1장, 겉감깃 1장을 마름질합니다.

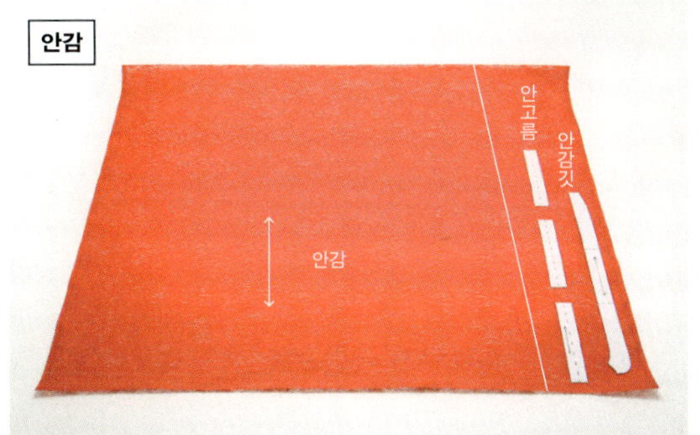

직사각형의 안감 1장(**베이비돌** 46cm×40cm, **파올라레이나** 36cm×30cm, **네오 블라이스** 23.5cm×21cm, **미디 블라이스** 19cm×18cm)을 마름질하고, 안감깃 1장과 안고름 3장도 마름질합니다.

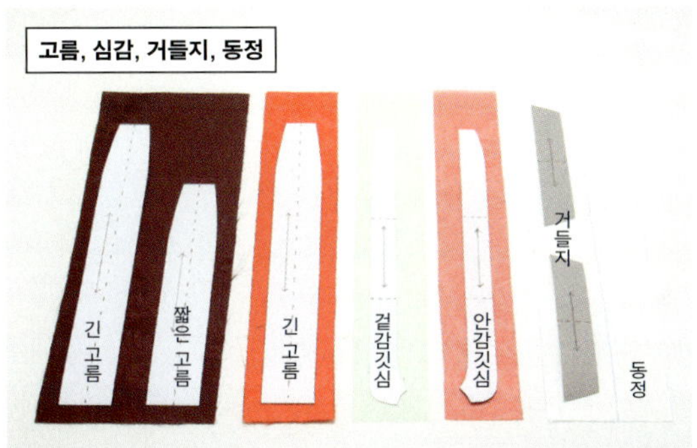

자주색 고름감으로 긴 고름 1장, 짧은 고름 1장을 마름질하고, 빨간색 고름감으로 긴 고름 1장을 마름질합니다. 흰색 옷감으로 거들지 2장과 동정(**베이비돌** 3cm×18cm, **파올라레이나** 2.5cm×14.5cm)을 마름질합니다. 겉감깃과 같은 색의 심감 1장, 안감깃과 같은 색의 심감 1장도 마름질해줍니다.

*깃심감의 경우 심감이 비칠 정도로 겉감이 얇으면 겉감이나 안감과 같은 색을 사용하는 것이 좋고, 두꺼운 옷감일 때는 겉감깃심과 안감깃심을 동일한 색으로 하여도 무방합니다.

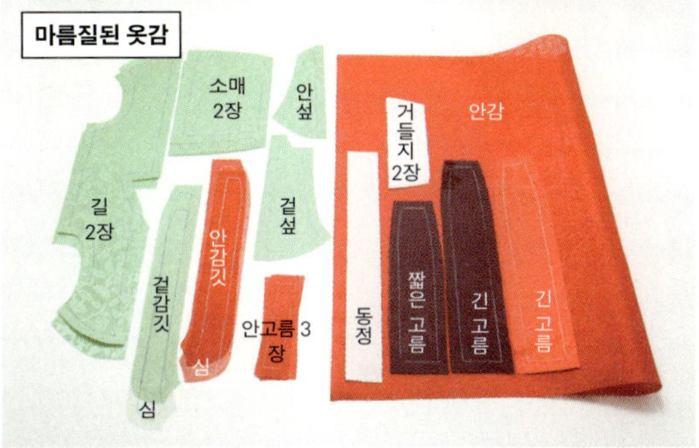

베이비돌, 파올라레이나 시접은 1cm, 고름 시접은 0.5cm로 합니다. 블라이스 시접은 0.5cm, 고름 시접은 0.3~0.5cm로 합니다.(실물 패턴은 시접이 포함되지 않은 크기입니다.)

한복 상식 2. **당의 편**

1. **삼작고름** 가운데에 다른 색의 긴 고름이 들어간 3개의 고름을 말하며, 전통 당의에서는 자주색 고름 사이에 빨간색 고름을 주로 사용합니다.
2. **거들지** 전통 당의의 거들지는 소매 위를 덧대는 형식이지만, 옷의 크기가 작은 인형옷에서는 편의상 끝동과 같은 방법으로 소매에 연결하여 제작합니다. 레이스나 면을 사용하여 만든 현대적인 한복은 생략하여도 좋습니다.
3. **안고름** 당의나 두루마기 등의 앞길을 고정하기 위해서 옷의 안쪽에서 묶이는 고름을 말합니다. 안섶 끝부분과 진동 끝부분에 하나씩을 달아서 묶어주며, 당의의 경우 진동 아래로 떨어지는 고름을 '곁고름'이라고 합니다.

○ 바느질하기

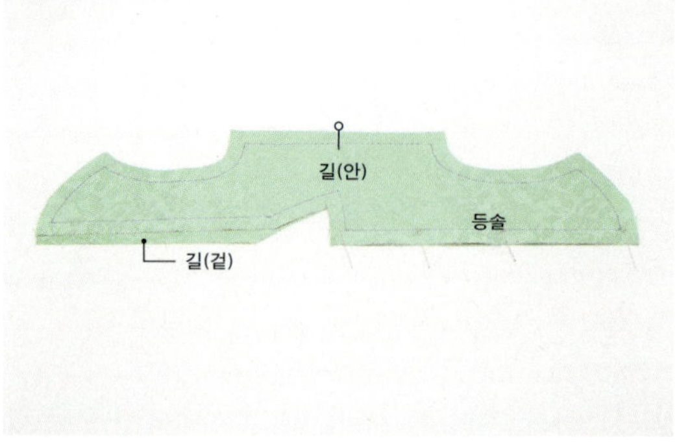

1. 길의 어깨 골선 시접에 중심표시를 합니다. 겉을 마주 놓고 뒷길의 등솔(중심선)을 고정시킨 후 박음질합니다.

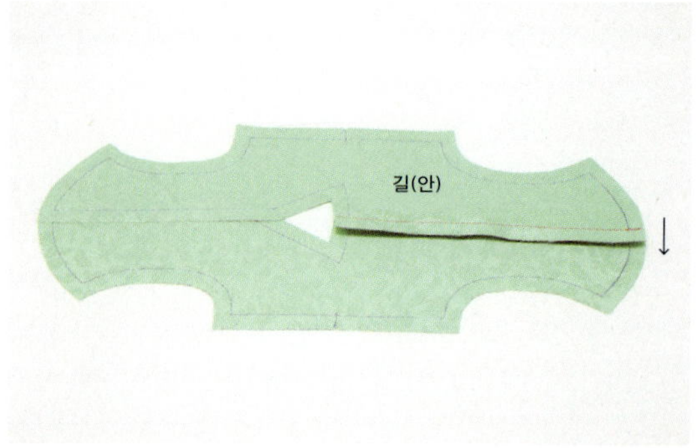

2. 박음질한 시접은 입어서 오른쪽이 되게 다림질합니다.

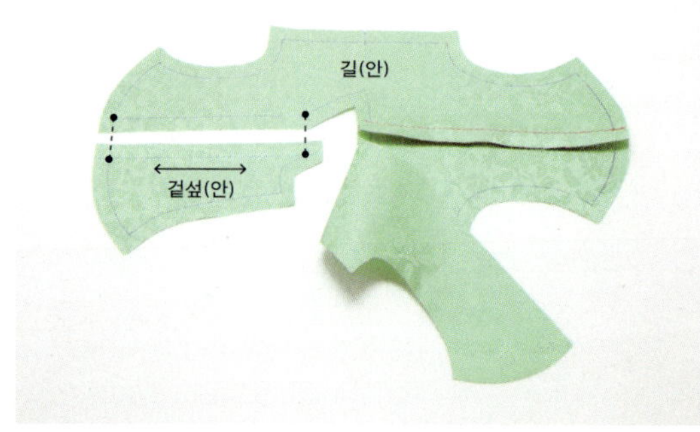

3. 앞길 어슨솔기와 겉섶이 만나게 박음질합니다.

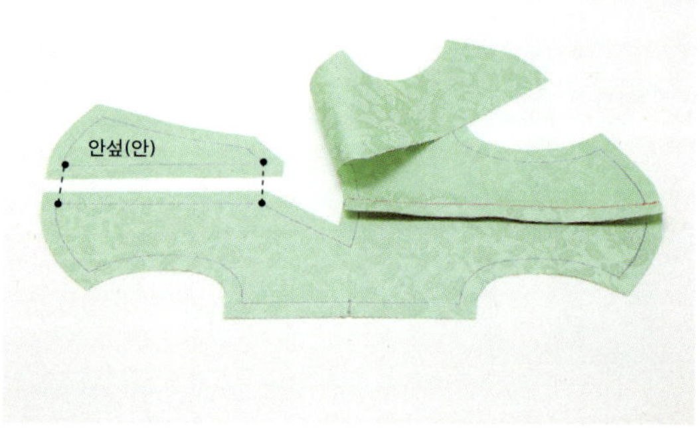

4. 앞길 중심선과 안섶이 만나게 박음질합니다.

5. 겉섶선은 시접을 겉섶 쪽으로, 안섶선은 시접을 길 쪽으로 넘겨줍니다.

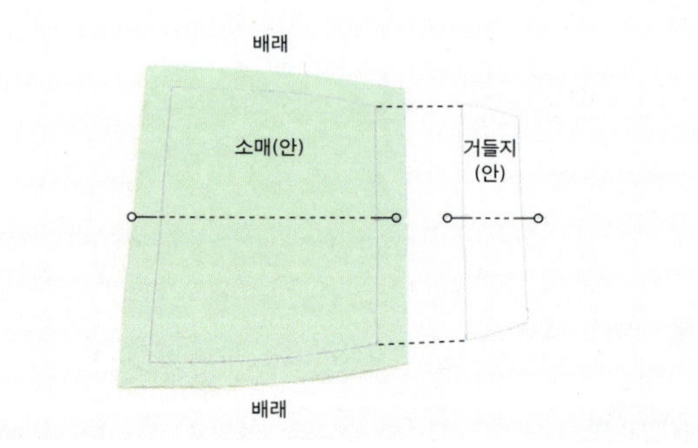

6. 소매와 거들지의 골선 시접에 중심표시를 한 후, 중심부터 배래 쪽으로 맞추어 고정시키고 박음질합니다.

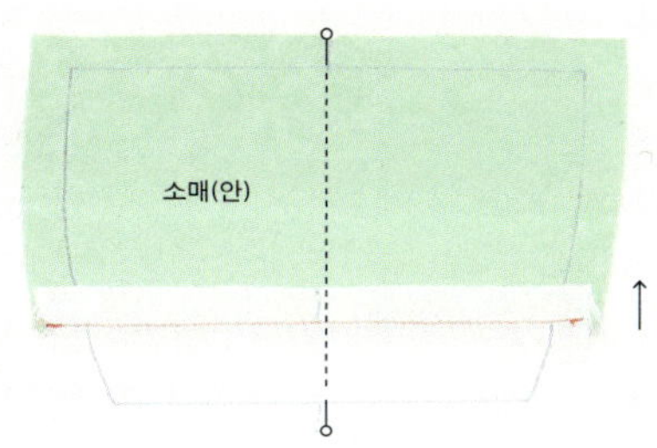

7. 시접은 소매 쪽으로 넘겨 다림질합니다.

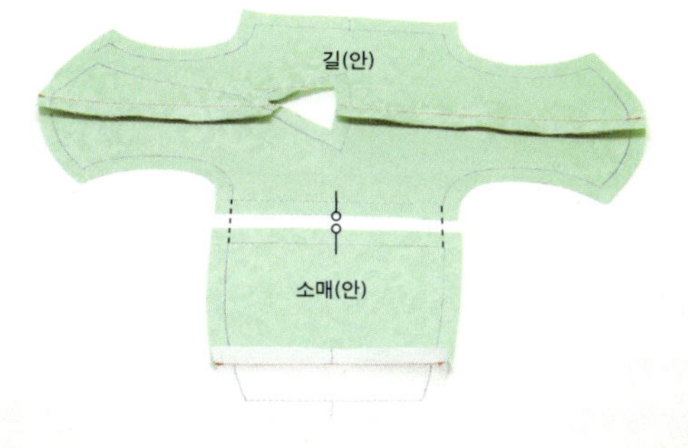

8. 길의 어깨 중심과 소매의 중심을 맞추어 고정시킵니다.

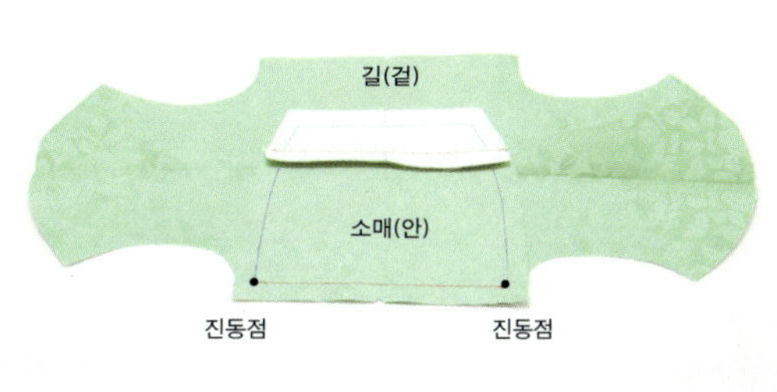

9. 진동점에서 진동점까지만 박음질합니다.

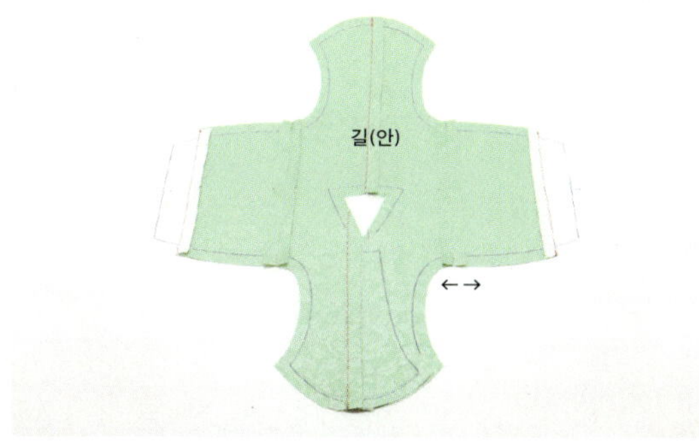

10. 시접은 가름솔로 하여 다림질해줍니다. 같은 방법으로 나머지 소매도 만들어 겉감을 완성합니다.

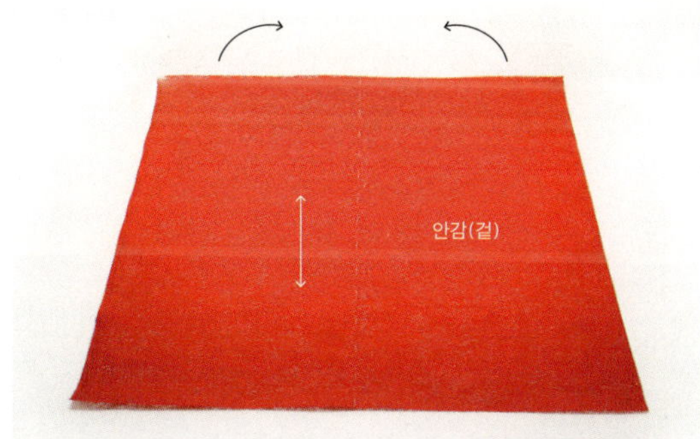

11. 안감은 골선을 따라 겉과 겉이 만나게 접습니다.

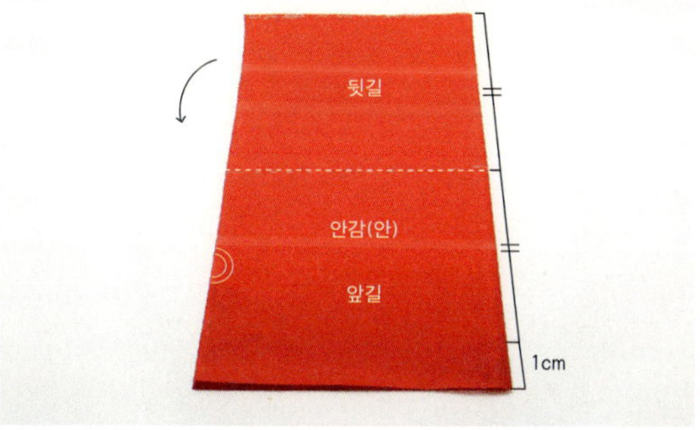

12. 앞길과 뒷길의 길이가 1cm 차이 나도록 다시 접습니다.

13. 등솔(중심선)과 시접선을 표시한 다음 위의 2장만 시접을 잘라냅니다.

14. 등솔을 박음질하고, 반고대-0.2cm까지 잘라줍니다. 어깨 시접에 중심표시를 해주고, 앞길 중심선을 트여줍니다.

15. 박음질한 시접은 입었을 때 걸감과 반대가 되게 합니다.

16. 걸감의 겉과 안감의 겉을 마주 놓고 등솔을 기준으로 어깨 중심, 소맷부리를 시침핀으로 고정합니다.

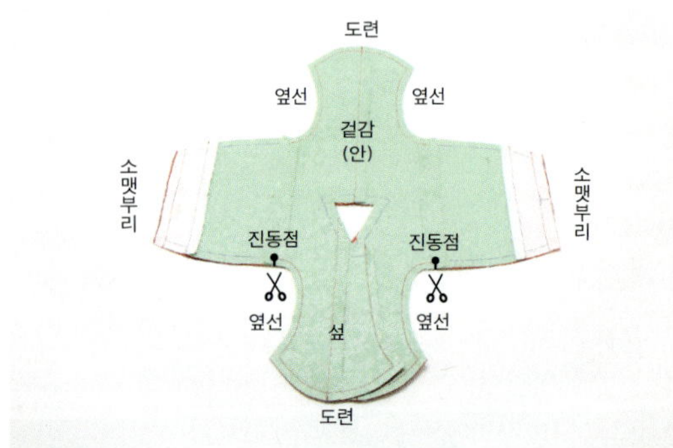

17. 도련의 곡선 부분이 늘어나지 않게 주의하면서 앞, 뒷길 도련과 섶, 소맷부리를 박음질합니다. 안감 시접은 걸감과 같은 모양으로 잘라내고, 안감의 진동점까지 가위집을 줍니다.

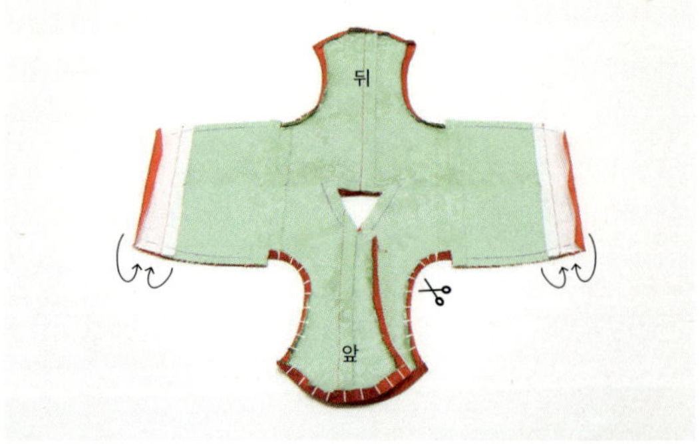

18. 도련과 섶선 시접에 가위집을 준 다음, 시접을 걸감 쪽으로 넘겨 다림질합니다. 양쪽 앞도련을 뒤집어 걸감과 안감의 뒷길 사이에 끼워 넣습니다.

19. 안으로 들어가는 부분은 소맷부리와 진동 끝까지 밀어 넣고, 배래가 4겹이 되게 잘 고정시킵니다.

20. 배래를 박음질한 다음 시접은 겉감 쪽(뒷길 쪽)으로 넘겨 줍니다.

21. 겉감의 고대 안쪽으로 손을 넣어 뒤집은 다음, 안감이 겉감 쪽으로 밀리지 않게 다림질합니다.

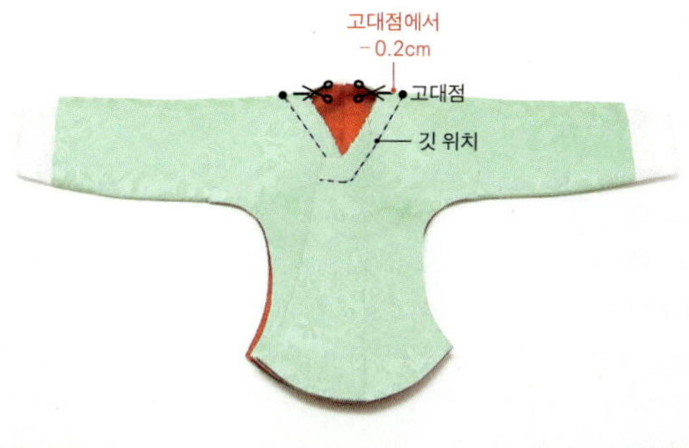

22. 앞길의 좌우에 깃 위치를 표시합니다. 뒷길에서도 깃 위치를 표시한 다음, 겉감의 양쪽 고대점에서 -0.2cm까지 가위집을 넣어줍니다.

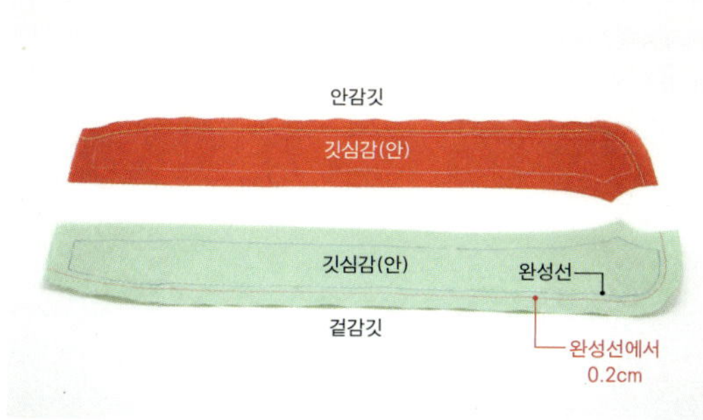

23. 겉감깃과 안감깃의 안쪽에 심감을 대고, 가장자리 완성선에서 시접 쪽으로 0.2cm 나간 위치에 고정 박음을 합니다.

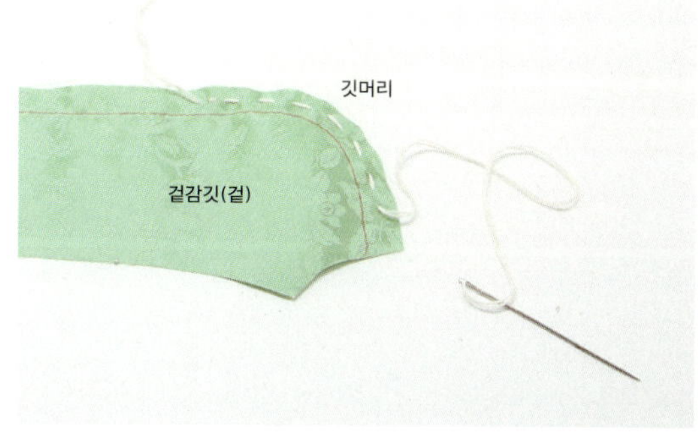

24. 깃머리 시접에 홈질을 합니다.

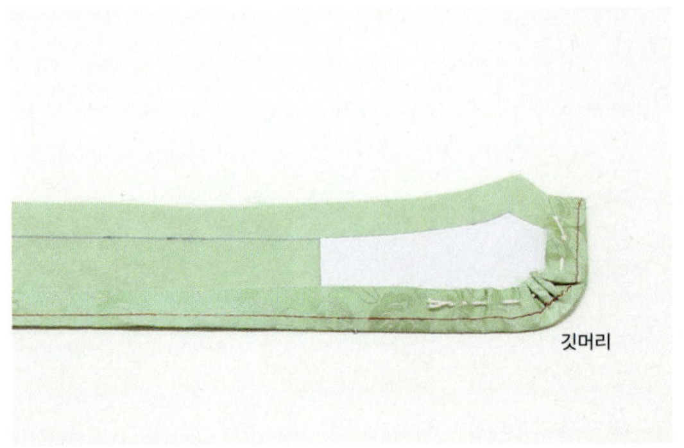

25. 가장자리 완성선을 꺾어 다림질합니다. 깃머리 부분은 안쪽에 깃머리 모양의 두꺼운 종이를 대고, 깃 모양을 살리면서 홈질한 실을 잡아 당겨서 오그려줍니다.

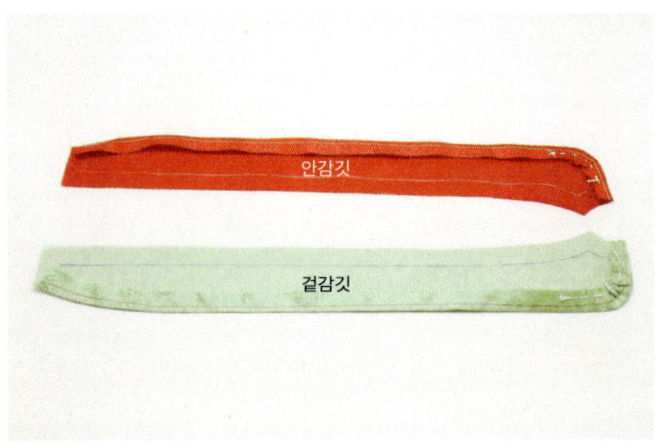

26. 안감깃도 걸감깃과 같은 모양으로 만듭니다.

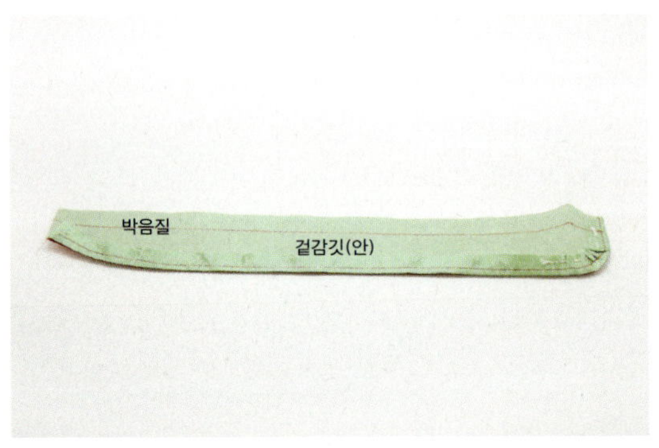

27. 걸감깃의 걸과 안감깃의 걸을 마주하고 박음질합니다.

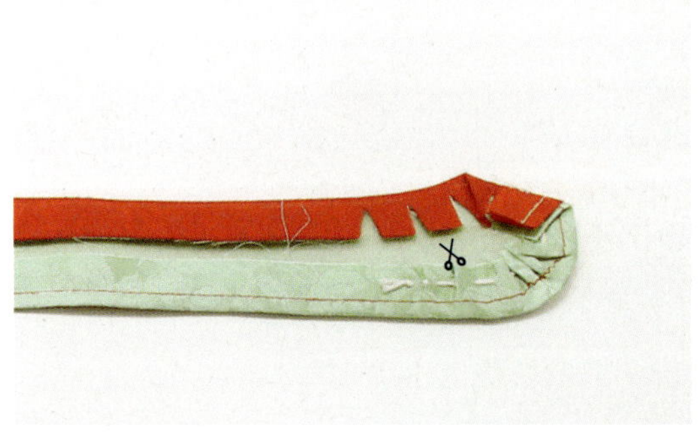

28. 당코 부분의 곡선 시접에 가위집을 준 후 걸감깃 쪽으로 시접을 넘겨줍니다.

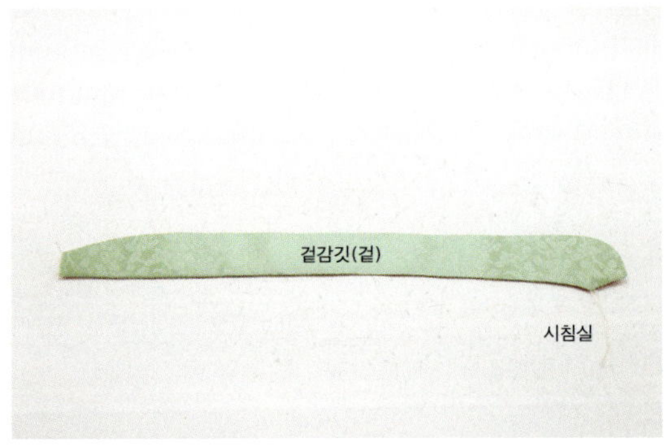

29. 걸감 쪽으로 뒤집은 다음, 코 부분에 시침실을 걸어서 뾰족한 당코 형태를 잡아가면서 당겨줍니다.

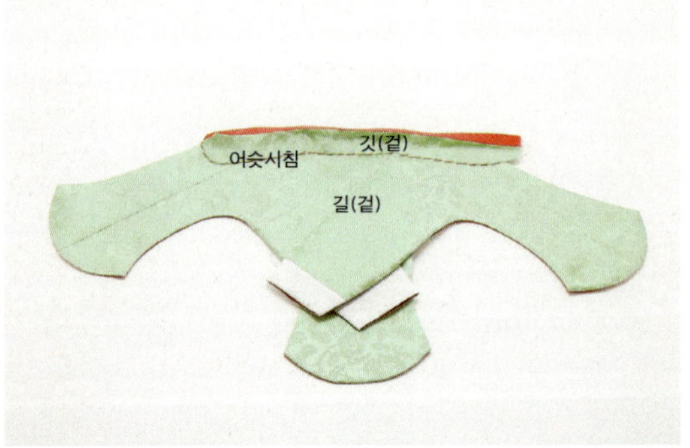

30. 걸감깃을 길 위에 놓고, 그려 놓은 깃 위치를 따라가며 어슷시침합니다.

31. 깃을 길 쪽으로 넘기고 걸감깃 안쪽에서 완성선을 박음질합니다.

32. 깃머리의 둥근 부분은 안감 쪽에서 박음질하기 힘들기 때문에 걸감 쪽에서 공그르기해줍니다.

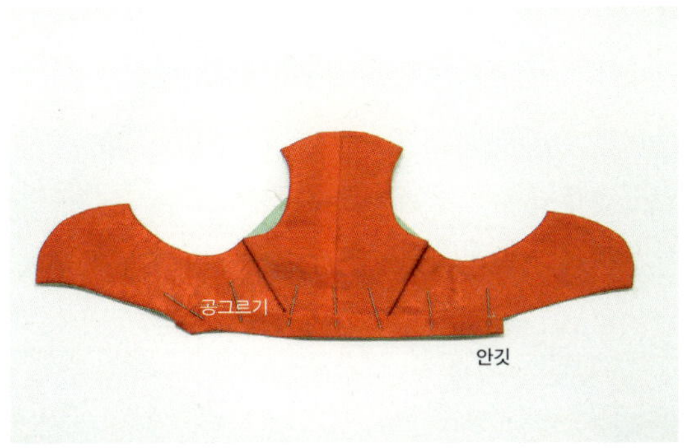

33. 어슷시침을 떼고, 안감깃을 안감 쪽으로 넘긴 다음 깃 달린 선을 따라 공그르기합니다. 안깃 쪽도 시접을 접고 안팎으로 공그르기합니다.

34. 고름은 창구멍 쪽 시접을 안으로 접어줍니다. 그 다음 걸감이 마주 닿게 반으로 접고 박음질합니다. 창구멍으로 뒤집어서 다림질합니다.(고름 완성 크기는 패턴에 표기되어 있습니다.)

35. 긴 고름 두 장을 빨간색이 위쪽이 되게 겹친 다음, 고름 너비의 1/2 지점을 깃머리 시작점과 맞춥니다. 짧은 고름은 고름 너비만큼 간격을 둔 상태에서, 긴 고름과 평행이 되게 놓고 박음질합니다. 고름의 솔기 방향은 위로 가게 합니다.

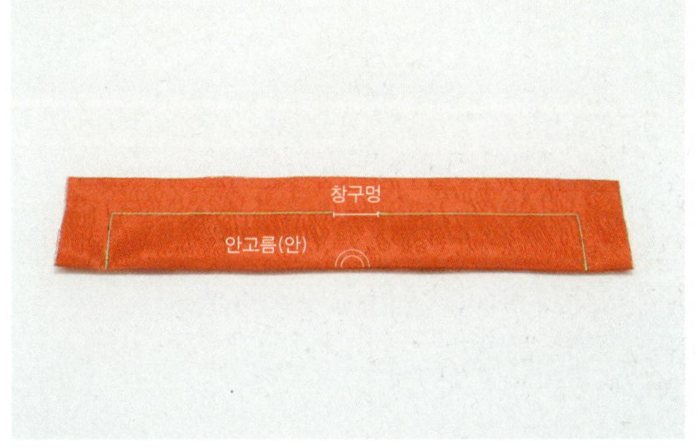

36. 안고름은 걸과 걸이 맞닿게 원단을 반으로 접은 다음, 가운데 창구멍을 1cm 남기고 완성선을 박음질합니다.(안고름 완성 크기는 패턴에 표기되어 있습니다.)

37. 시접을 남기고 고름을 반으로 접은 다음 박음질합니다.

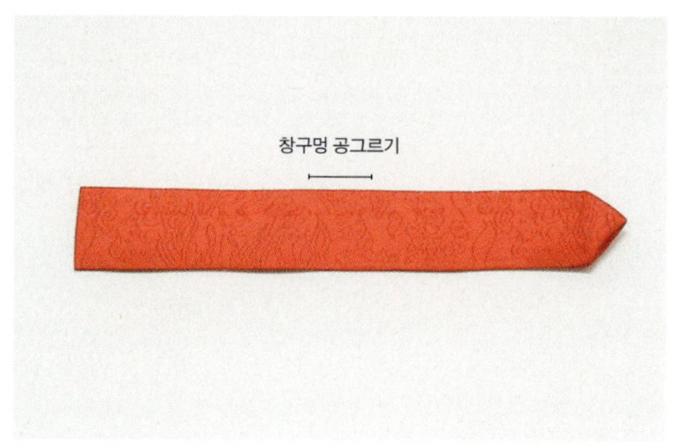

38. 창구멍으로 뒤집은 다음 제비부리 모양을 빼내고 창구멍을 공그르기합니다.

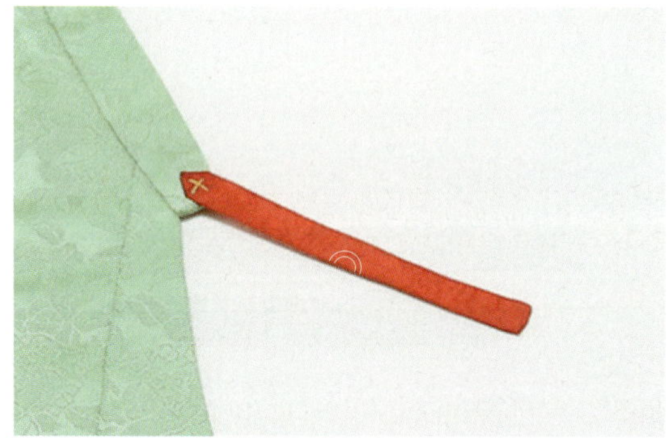

39. 안깃의 끝부분에 안고름 1장을 고정시킵니다. 솔기 방향은 위로 향하게 합니다.

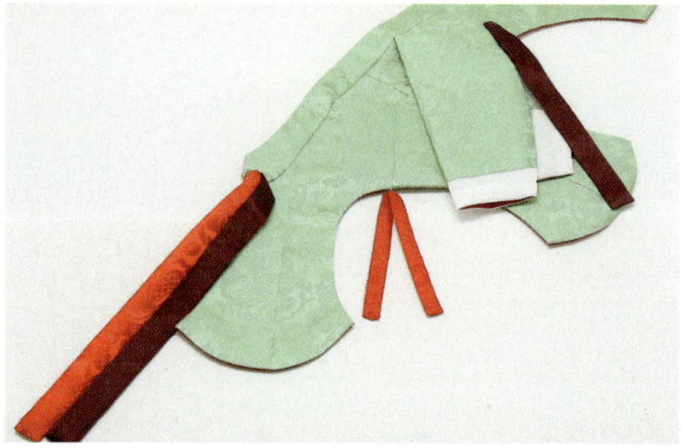

40. 안고름 두 장을 겹친 후 뾰족한 부분이 진동 쪽으로 향하도록 진동의 안감 쪽에서 고정시켜줍니다.

41. 깃 너비만큼 올라간 지점에서 동정 시접의 1/2 선을 따라 홈질이나 박음질합니다.(동정은 59쪽을 참고하여 만듭니다.)

42. 동정을 걸감깃 쪽으로 넘기고, 안쪽에서 숨뜨기합니다.

금박 찍기

전통 금박은 무늬를 새긴 나무판에 접착제를 발라 옷감 위에 찍은 다음, 그 위에 금판이나 금가루를 덮고 눌러 솜방망이로 두드려서 무늬를 나타냅니다. 당의, 전복, 복건, 조바위, 댕기 등에 여러 가지 무늬를 찍어 우아함과 화려함을 더하곤 했습니다.

'당의'에는 용문龍紋과 봉황문鳳凰紋, 화문花紋 그리고 장수를 하며 길게 복을 누린다는 의미의 수복壽福 문양을 금박하고, '전복'의 단 둘레에는 국화문菊花紋과 인仁, 의義, 예禮, 지智, 효孝, 제悌, 충忠, 신信과 같은 길상어문吉祥語紋을 금박합니다.

이 책에서는 간편하게 사용할 수 있는 열전사로 금박 찍는 방법을 소개합니다. 여분의 원단에 충분히 연습해본 후에 완성된 옷 위에 금박을 찍는 것이 좋습니다.

○ 열전사로 금박 찍는 방법

1. 원단에 금박을 찍을 위치를 표시하고, 문양의 위아래가 바뀌지 않게 주의하면서 금박지를 올립니다.

2. 다리미의 온도를 확인하고 눌러줍니다. 이때 다리미를 좌우로 밀지 말고, 꾹 눌러준다는 느낌으로 다립니다.

3. 열이 식은 후 금박지를 조심스럽게 떼어냅니다.

4. 완성된 금박 위에 얇은 원단을 얹은 다음 다리미로 한 번 더 눌러주면 전통 금박과 비슷한 느낌의 은은한 광택을 낼 수 있습니다.

7
두루마기

방한용이나 의례용으로 입는 겉옷으로, 저고리와 비슷하지만 길이가 길고 양옆에 무가 달려 있습니다. 소매는 연두색, 무는 자주색, 섶은 노랑색, 깃과 고름은 남색으로 하여 주로 남자아이들이 입는 옷을 '오방장'이라고 하고, 오방장과 형태는 같지만 소매가 색동인 옷을 '까치두루마기'라고 합니다.

*91쪽 돌림고름 매기에 소개된 옷이 오방장이고, 22쪽 조바위 쓴 베이비돌이 입은 옷이 까치두루마기입니다.

이미지컷 … 18~19쪽

○ 형태와 명칭

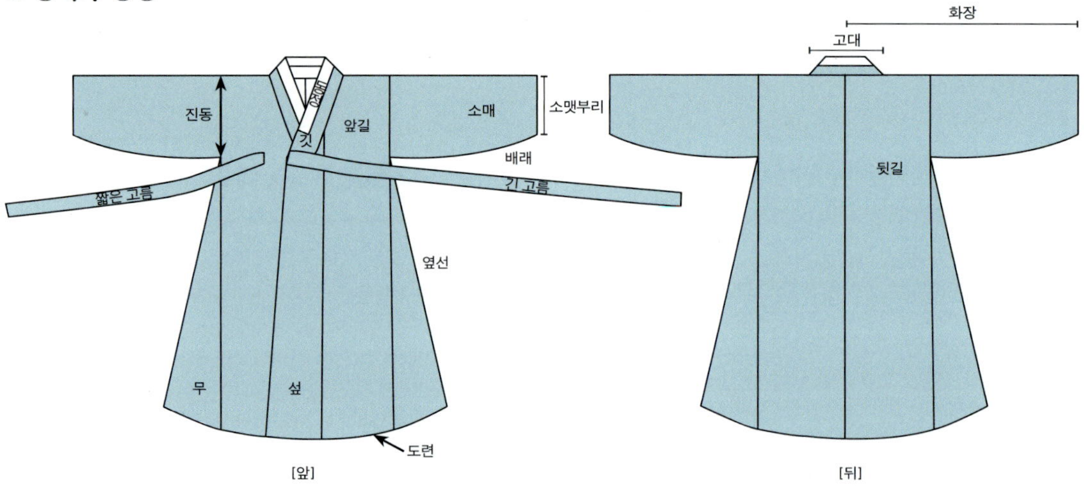

○ 옷감의 양

	베이비돌	파올라레이나
겉감	55cm×50cm	45cm×43cm
안감	46cm×50cm	36cm×43cm
심감	6cm×27cm	5cm×20cm
동정감	3cm×22cm	2.5cm×17cm
실물 패턴	4면 A-5	7면 B-5

※ 옷감의 사이즈는 모두 '폭(너비)×길이'의 순서로 표기돼 있습니다.

※ 동정심감은 패턴의 깃 안쪽에 표시된 사이즈로 자릅니다.

한복 상식 3. 무란?

두루마기나 전복을 입었을 때 움직이기 편하도록 윗옷의 양쪽 겨드랑이 밑에서부터 아래 끝까지 대는 작은 삼각형의 천을 말합니다.

○ 마름질하기

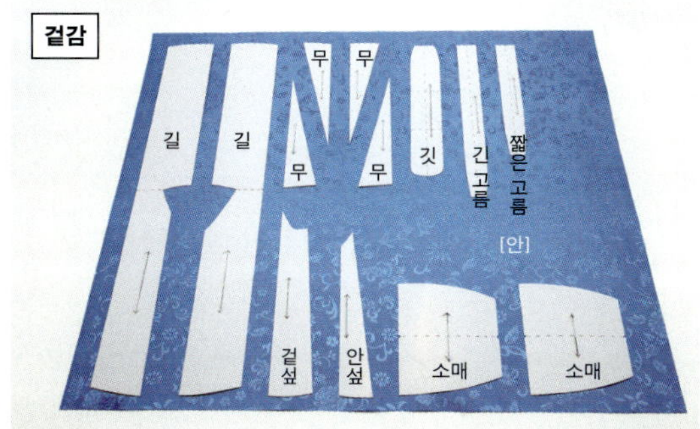

겉감으로 길 2장, 소매 2장, 겉섶 1장, 안섶 1장, 무 4장, 깃 1장, 긴 고름 1장, 짧은 고름 1장을 마름질합니다.

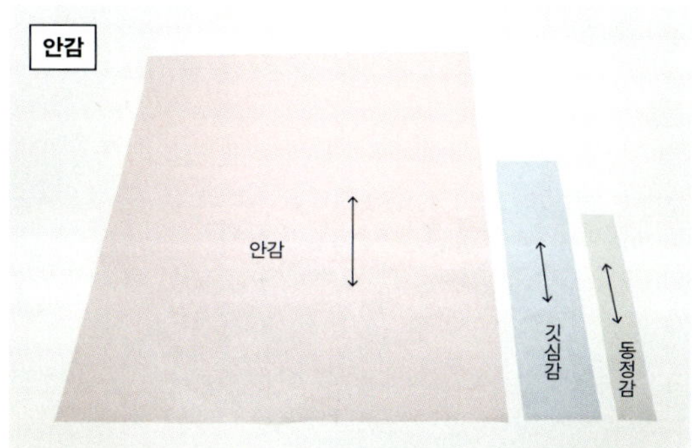

직사각형의 안감 1장, 겉감의 깃과 같은 크기의 깃심감 1장을 마름질합니다. 흰색의 직사각형 동정감 1장도 마름질해줍니다.

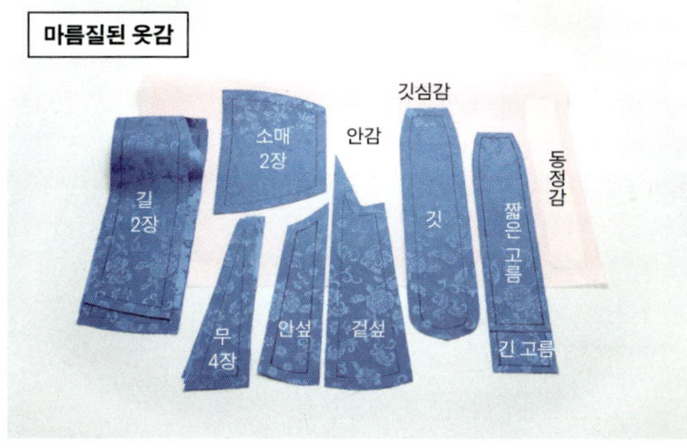

모든 시접은 1cm, 고름 시접은 0.5cm로 합니다.(실물 패턴은 시접이 포함되지 않은 크기입니다.)

○ 바느질하기

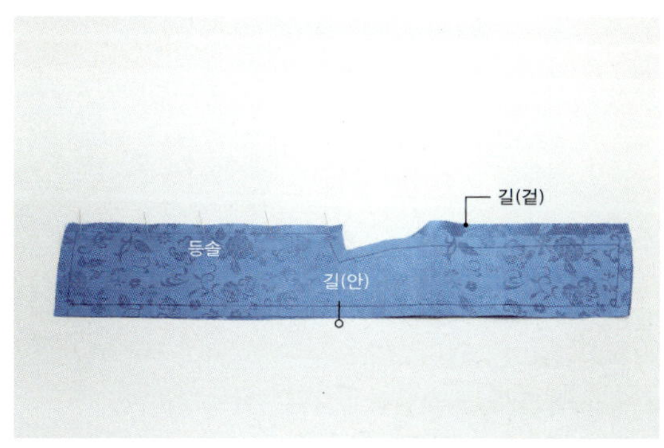

1. 길의 어깨 골선 시접에 중심표시를 해줍니다. 그 다음 겉과 겉을 마주 놓고 뒷길의 등솔(중심선)을 고정시킨 다음 박음질합니다.

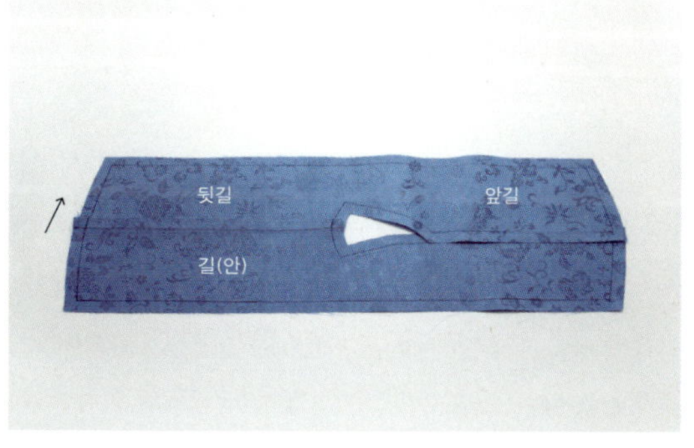

2. 등솔 시접은 입어서 오른쪽으로 넘어가게 다림질합니다.

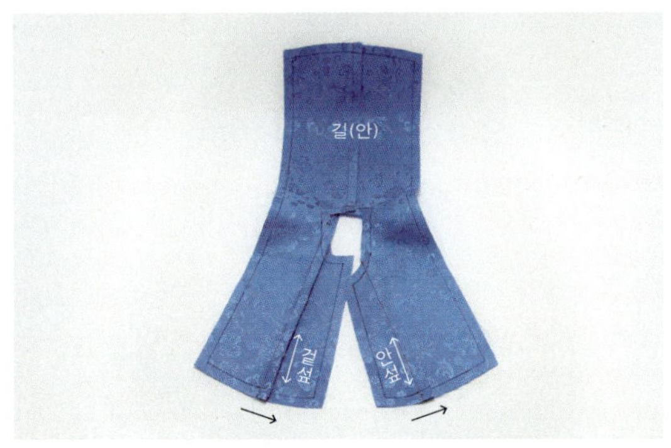

3. 앞길 어슨솔기와 겉섶이 만나게 박음질하고, 시접은 겉섶 쪽으로 넘겨줍니다. 그 다음 앞길 중심선과 안섶이 만나게 박음질하고, 시접은 길 쪽으로 넘겨줍니다.

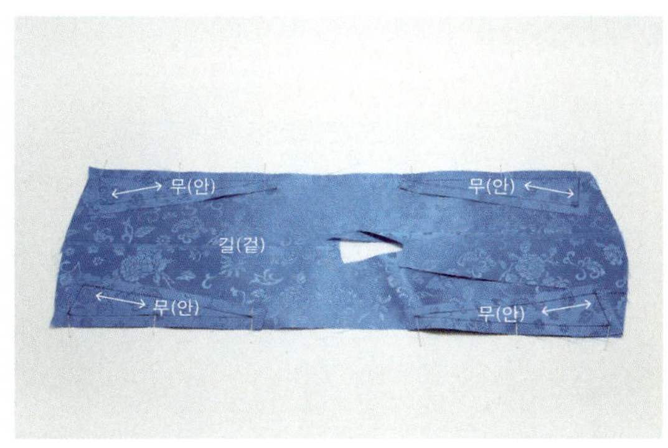

4. 무의 어슨올*과 길의 겉을 맞대고 핀시침합니다. 무의 앞뒤, 양옆이 바뀌지 않게 각각의 길에 고정해주어야 합니다.

*식서 표시 방향에서 비스듬한 부분

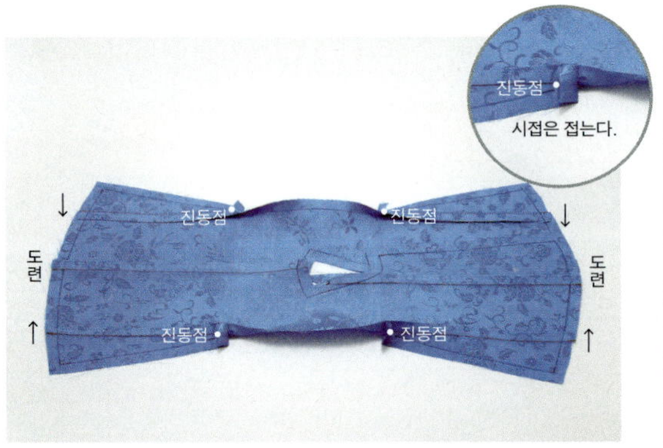

5. 진동점에서 도련까지 박음질한 다음, 시접은 길 쪽으로 넘겨줍니다. 진동 쪽의 무 시접은 접어서 다림질합니다.

6. 길의 어깨 중심과 소매의 중심을 맞추어 고정시킵니다.

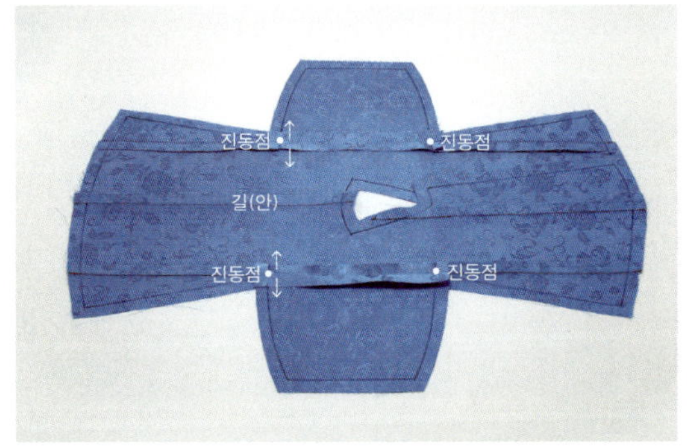

7. 진동점에서 진동점까지만 박음질하고, 시접은 가름솔 처리해줍니다.

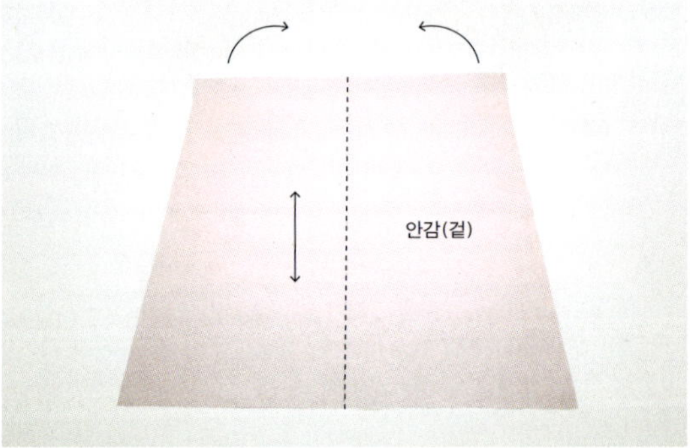

8. 안감은 골선을 따라 겉과 겉이 만나게 접어줍니다.

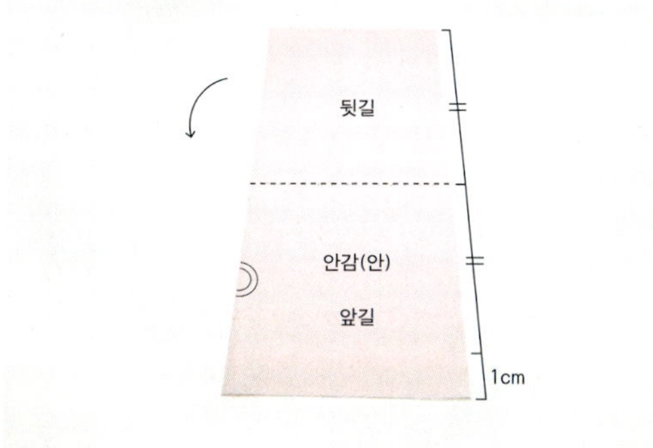

9. 앞길과 뒷길의 길이가 1cm 차이 나도록 다시 접습니다.

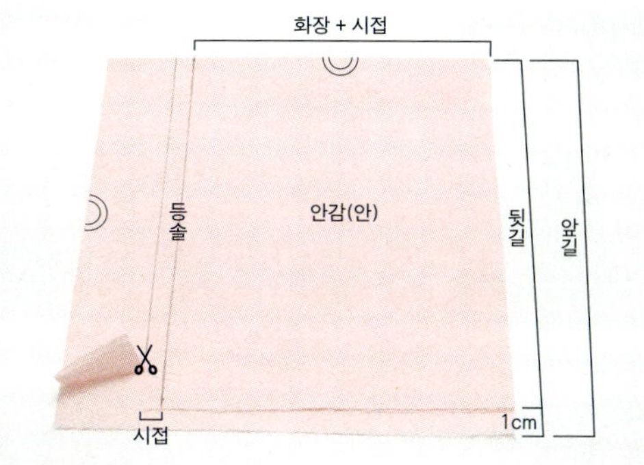

10. 등솔(중심선)과 시접선을 표시한 다음, 위의 2장만 시접을 잘라냅니다.

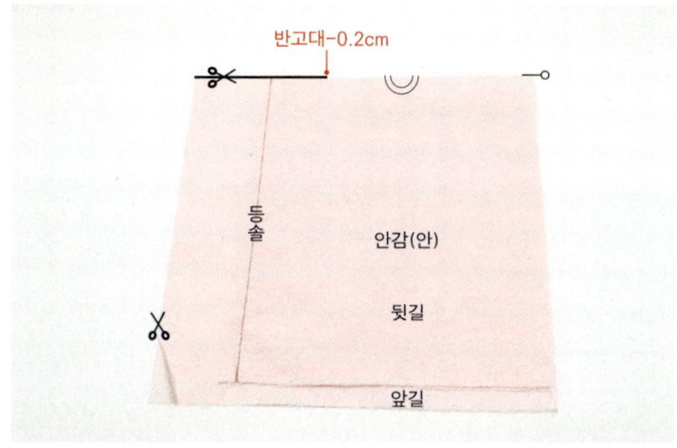

11. 등솔을 박음질하고, 반고대-0.2cm 지점까지 잘라줍니다. 그 다음 어깨 시접에 중심표시를 해주고, 앞길 중심선을 트여줍니다.

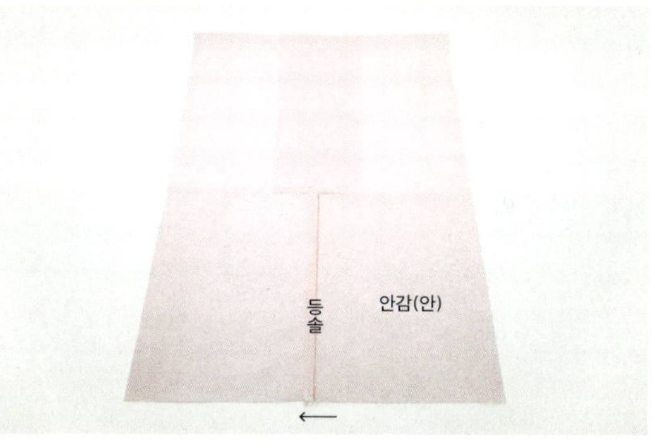

12. 박음질한 시접은 입었을 때 겉감과 반대가 되게 합니다.

13. 겉감의 겉과 안감의 겉을 마주 놓고 등솔을 기준으로 어깨 중심, 소맷부리, 무, 옆선을 시침핀으로 고정합니다.

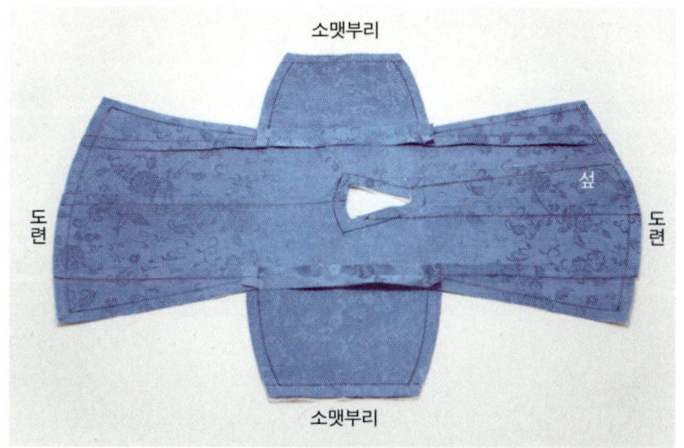

14. 앞, 뒷길 도련과 섶, 소맷부리를 박음질합니다. 안감 시접은 겉감과 같은 모양이 되도록 잘라냅니다.

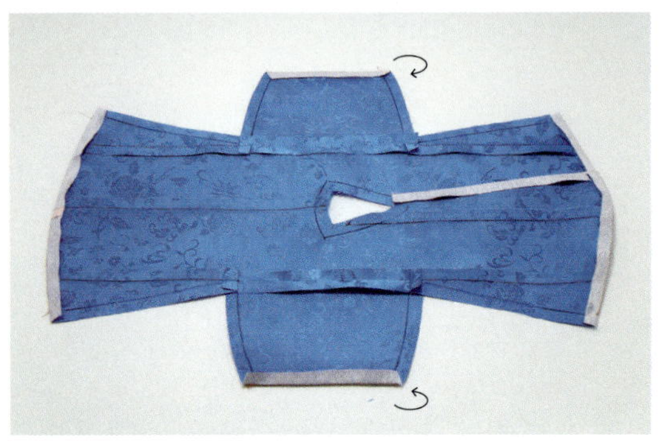

15. 시접을 겉감 쪽으로 넘겨 다림질하고, 양쪽 앞길을 뒤집어 겉감과 안감의 뒷길 사이에 끼워 넣습니다.

16. 안으로 들어가는 부분은 소맷부리와 무 끝까지 밀어 넣고, 배래와 옆선이 4겹이 되게 잘 고정킵니다.

17. 배래와 옆선을 박음질한 다음, 안감의 진동점에 가위집을 줍니다. 시접은 겉감 쪽(뒷길 쪽)으로 넘겨줍니다.

18. 겉감의 고대 안쪽으로 손을 넣어 뒤집어줍니다. 안감이 겉감 쪽으로 밀리지 않게 다림질한 다음, 앞길의 좌우에 깃 위치를 표시해줍니다. 뒷길에서도 깃 위치를 표시한 다음, 겉감의 양쪽 고대점에서-0.2cm까지 가위집을 넣어줍니다.

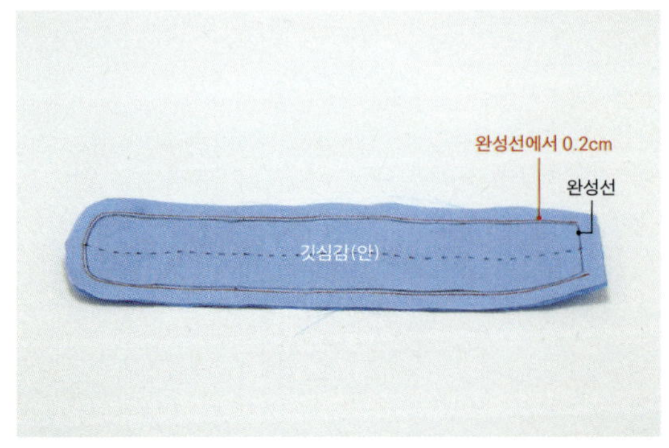

19. 깃의 안쪽에 심감을 대고, 가장자리 완성선에서 시접 쪽으로 0.2cm 나간 지점에 고정 박음을 해줍니다.

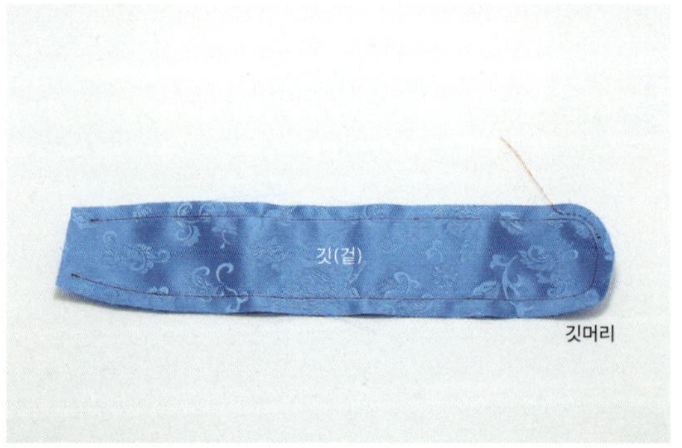

20. 깃머리 시접에 홈질을 합니다.

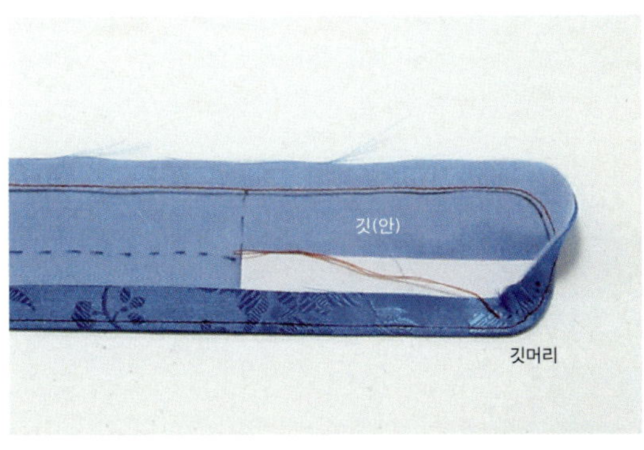

21. 가장자리 완성선을 꺾어 다림질합니다. 깃머리 부분은 안쪽에서 깃머리 모양의 두꺼운 종이를 대고, 깃 모양을 살리면서 홈질한 실을 잡아당겨 오그려줍니다.

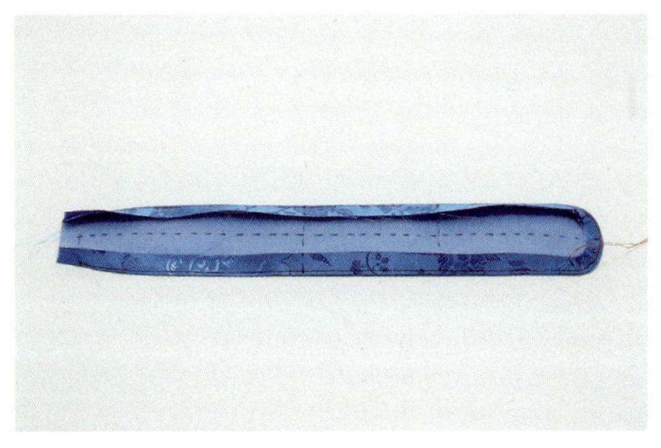

22. 양쪽 깃을 대칭이 되게 만듭니다.

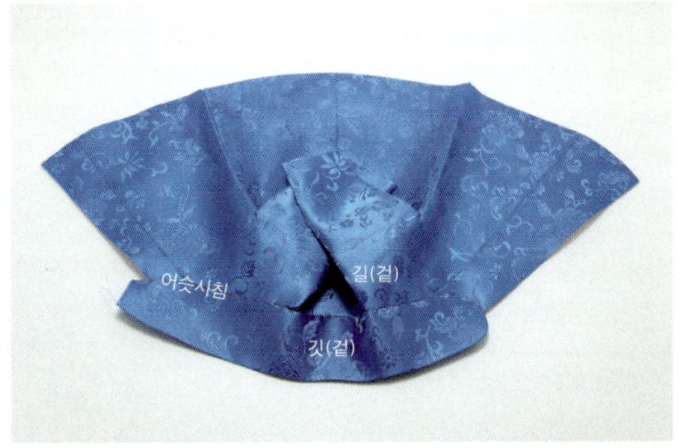

23. 겉감 깃을 길 위에 놓고 그려 놓은 깃 위치를 따라가며 어슷시침합니다.

24. 깃을 길 쪽으로 넘기고 겉감깃의 안쪽에서 완성선을 박음질합니다.

25. 깃머리의 둥근 부분은 안감 쪽에서 박음질하기 힘들므로 겉감 쪽에서 공그르기합니다.

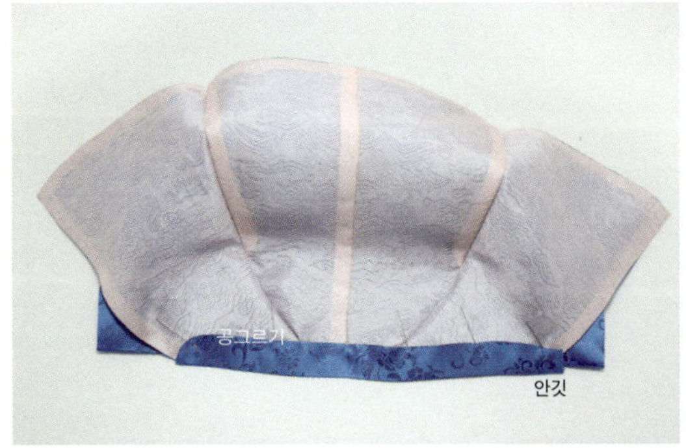

26. 어슷시침을 떼고, 안감깃을 골선을 따라 접은 다음 깃 달린 선을 따라 공그르기합니다. 안깃 쪽도 시접을 접고 안팎으로 공그르기합니다.

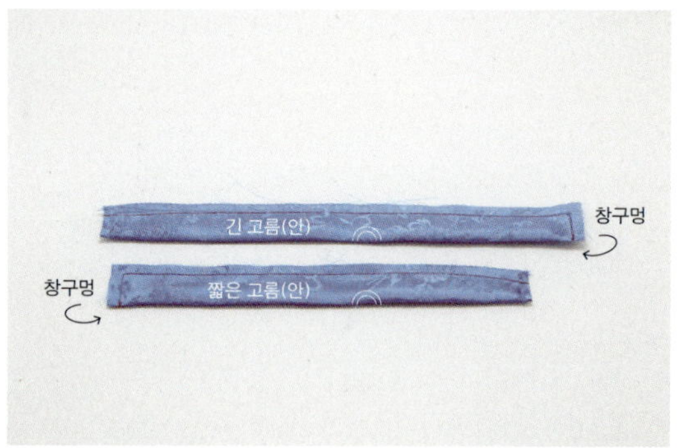

27. 고름은 창구멍 쪽 시접을 안으로 접어줍니다. 그 다음 고름의 겉감이 마주 닿게 반으로 접은 후 박음질합니다. 창구멍으로 뒤집어서 다림질해줍니다.

28. 긴 고름은 고름 너비의 1/2 지점을 깃머리 시작점과 맞춰줍니다. 짧은 고름은 고름 너비만큼 간격을 둔 상태에서, 긴 고름과 수평이 되게 하여 박음질합니다. 고름의 솔기 방향은 위로 향하게 합니다.

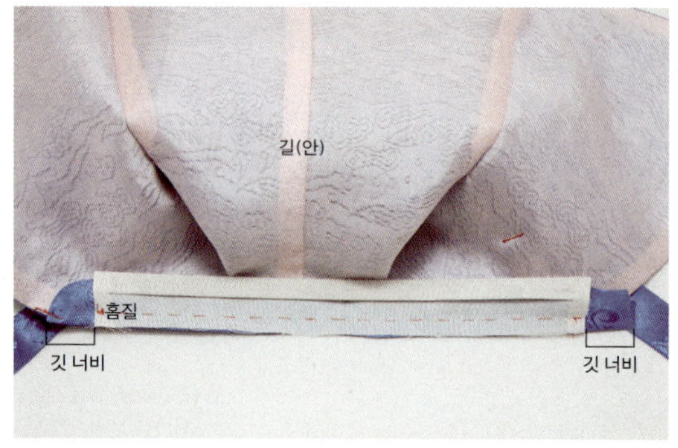

29. 깃 너비만큼 올라간 지점에서 동정 시접의 1/2 선을 따라 홈질이나 박음질합니다.(동정은 59쪽을 참고하여 만듭니다.)

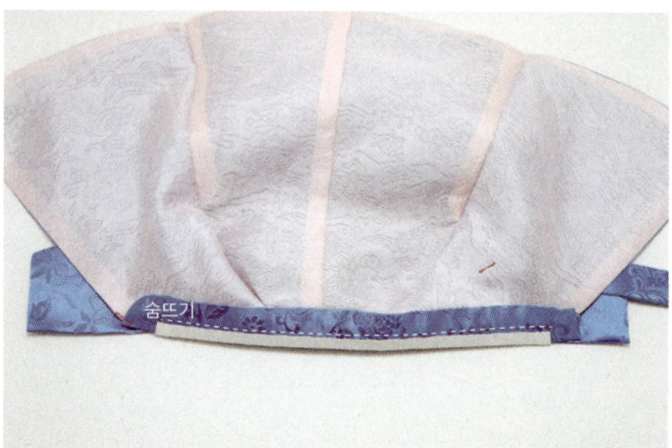

30. 동정을 겉감깃 쪽으로 넘기고, 안쪽에서 숨뜨기합니다.

한복 상식 4. **한복 재료 구매하기**

1. **광장시장** 국내 최대 한복 도소매시장으로 한복에 관련된 옷감이나 부자재, 소품 등을 판매하는 곳이 모여 있습니다. 북1문 쪽에서 면, 모시, 삼베, 인견 등의 옷감을 판매하며, 2층에서도 다양한 한복 옷감을 만날 수 있습니다. 수도 직물부와 동광 직물부 1층에서는 실, 바늘 등의 바느질 도구를 판매합니다.
2. **동대문종합시장** A동 2층에는 다양한 한복 매장이 모여 있으며, 1층에서는 부자재를 판매합니다. 꽃무늬 면이나 리넨, 레이스는 2, 3층에서 구입할 수 있습니다.

고름 매기

옷고름은 한복을 특징짓는 중요한 요소 중의 하나입니다.
아무리 고급 옷감으로 치장했더라도 옷고름을 잘 살리지 못하면
한복의 아름다움이 살아나지 않겠죠? 이번 '더 알기'에서는
기본 고름과 돌림고름을 바르게 매는 방법을 알려드릴게요.
어렵지 않으니 천천히 따라해보세요.

○ 고름 매기

1. 짧은 고름이 위로 가도록 고름을 교차시킵니다.

2. 짧은 고름으로 긴 고름을 감아올립니다.

3. 긴 고름을 접어서 고를 만들어줍니다. 솔기 방향은 위를 향하게 합니다.

4. 짧은 고름으로 접은 긴 고름을 묶어줍니다.

5. 긴 고름과 짧은 고름의 솔기 방향을 모두 위로 향하게 하여 묶습니다.

6. 고름 끝과 고를 잡고 모양을 잡아줍니다.

○ 돌림고름 매기

1. 짧은 고름이 아래, 긴 고름이 위를 향하게 교차시킵니다.

2. 긴 고름을 등 뒤 쪽으로 한 바퀴 돌려줍니다.

3. 앞길에서 짧은 고름과 긴 고름을 다시 만나게 하여 고름을 매줍니다.

8
전복

소매와 섶, 깃이 없고 양쪽에 무가 달린 형태의 겉옷으로 주로 두루마기 위에 착용합니다. 요즘에는 아이들의 돌복으로도 많이 입습니다. 양옆과 뒷중심 자락에 트임이 있는데, 트임 끝에는 붉은색 박쥐 매듭을 달아주고요. 허리에는 붉은색의 띠를 두르고, 단 둘레에는 길상吉祥 문양의 금박을 찍어줍니다.

이미지컷 … 20~21쪽

○ 형태와 명칭

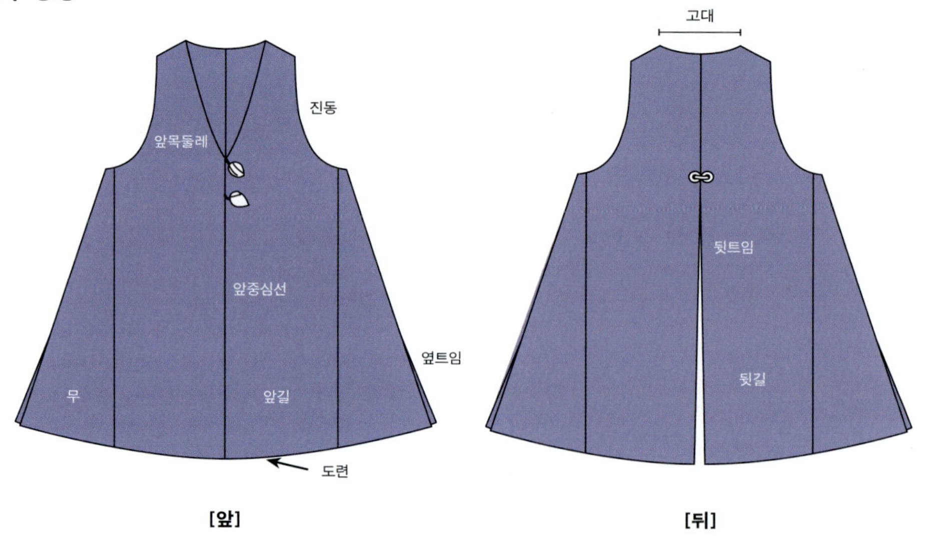

○ 옷감의 양

	베이비돌	파올라레이나
겉감	30cm×55cm	23cm×50cm
안감	26cm×53cm	21cm×45cm
실물 패턴	2면 A-6	6면 B-6

※ 옷감의 사이즈는 모두 '폭(너비)×길이'의 순서로 표기돼 있습니다.

바느질 상식 4. 시접에 가위집을 내는 이유

곡선 부분의 시접을 가위로 촘촘하게 자르면 뒤집었을 때 모양이 훨씬 자연스럽답니다.

○ 마름질하기

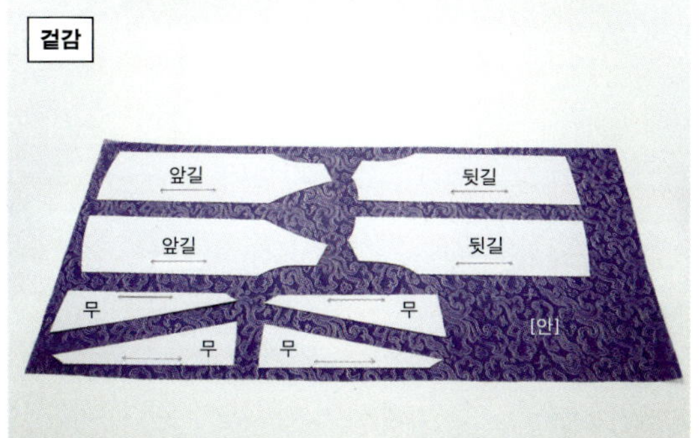

겉감으로 앞길 2장, 뒷길 2장, 무 4장을 마름질합니다. 무는 같은 모양이 여러 장 되지 않도록 좌우와 앞뒤를 잘 구별하는 것이 중요합니다.

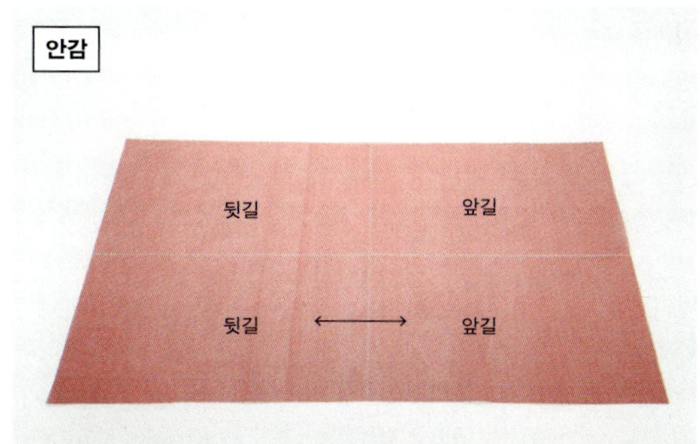

안감으로 앞길 2장과 뒷길 2장을 다음의 사이즈로 마름질합니다.(**베이비돌** 앞길 13cm×27cm, 뒷길 13cm×26cm, **파올라레이나** 앞길 10.5cm×23cm, 뒷길 10.5cm×22cm)

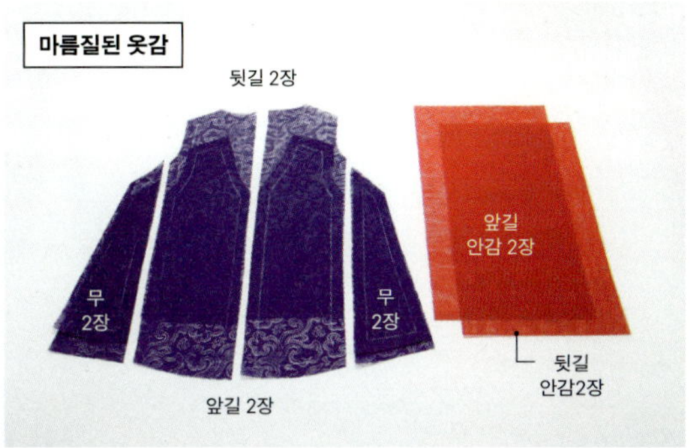

모든 시접은 1cm가 되도록 합니다.(실물 패턴은 시접이 포함되지 않은 크기입니다.)

○ 바느질하기

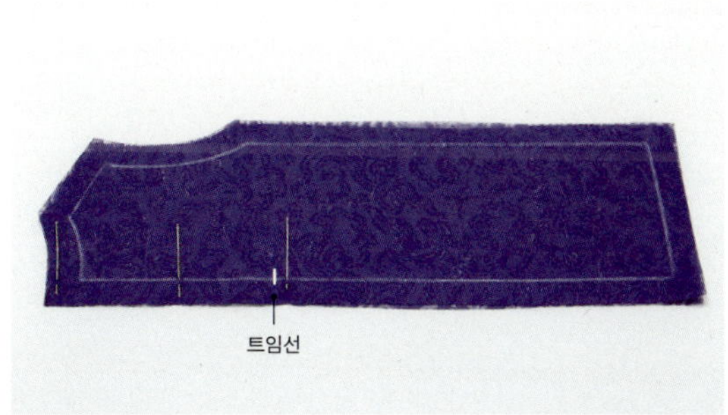

1. 뒷길의 겉과 겉을 맞댄 다음 트임선까지 박음질합니다.

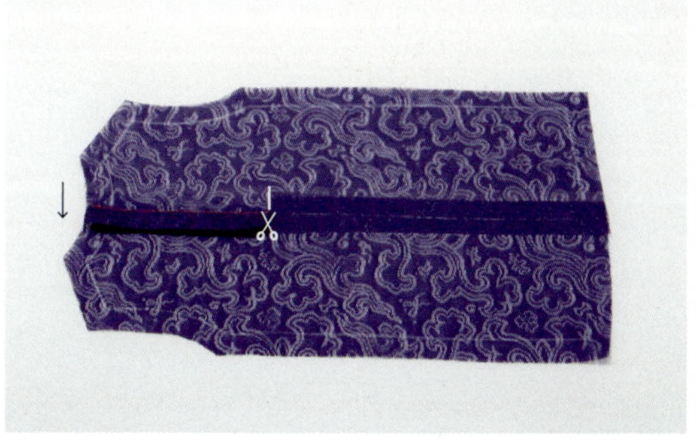

2. 트임에 가윗집을 주고, 등솔 시접은 입어서 오른쪽으로 넘겨줍니다.

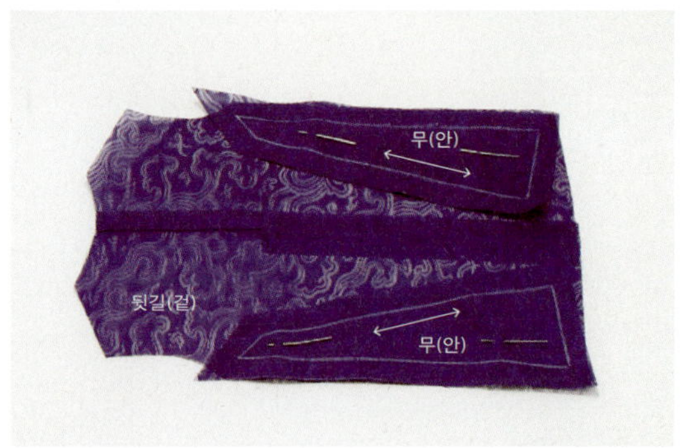

3. 뒷길과 무의 어슨올을 마주 대고 박음질합니다.

4. 박음질한 시접은 길 쪽으로 넘겨줍니다.

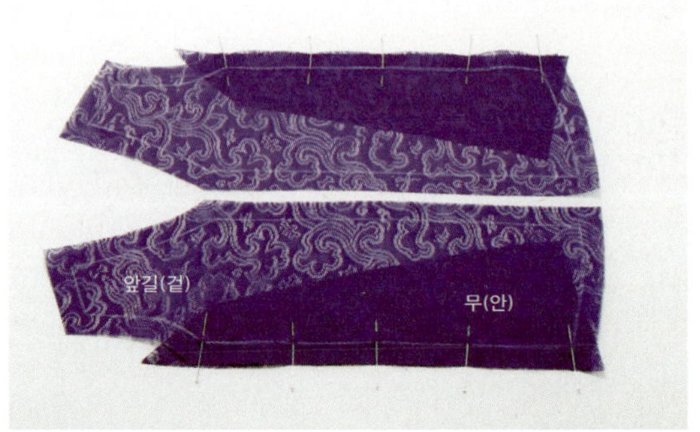

5. 앞길과 무의 어슨올을 마주 대고 박음질을 합니다.

6. 박음질한 시접은 길 쪽으로 넘겨줍니다.

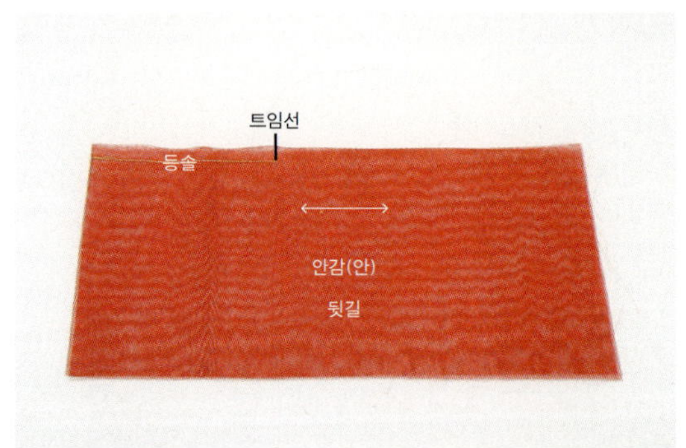

7. 뒷길 안감 2장을 겉과 겉이 만나게 한 다음, 등솔의 트임선까지 박음질합니다.

8. 트임선에 가위집을 주고, 등솔 시접은 입어서 겉감과 반대 방향으로 넘겨줍니다.

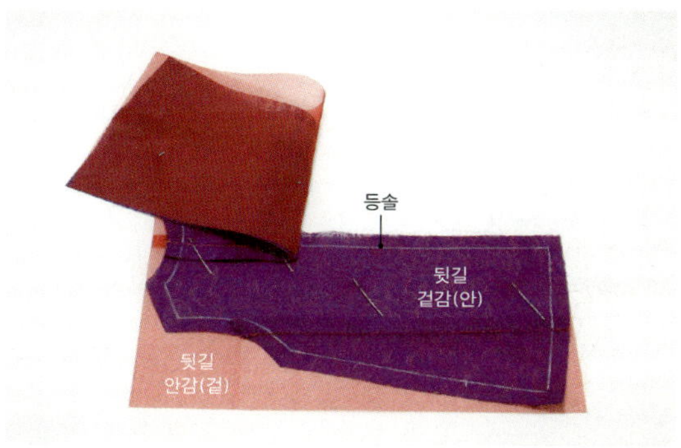

9. 뒷길 겉감의 겉과 안감의 겉을 등솔선부터 마주 놓고 시침핀으로 고정합니다.

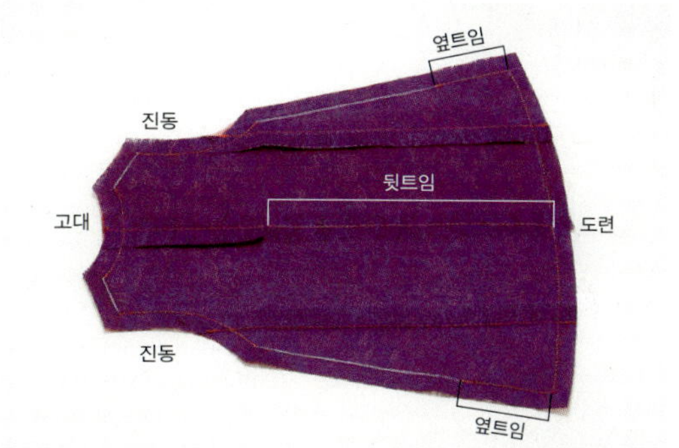

10. 고대, 진동, 옆트임, 도련, 뒷트임선을 박음질해줍니다. 안감 시접은 겉감과 같은 모양으로 잘라냅니다.

11. 진동과 고대에 가위집을 내고, 시접은 겉감 쪽으로 넘겨줍니다.

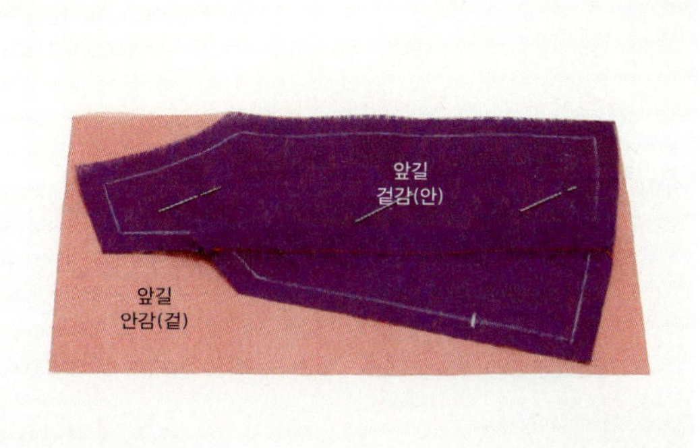

12. 앞길 겉감의 겉과 안감의 겉을 마주 놓고 시침핀으로 고정합니다.

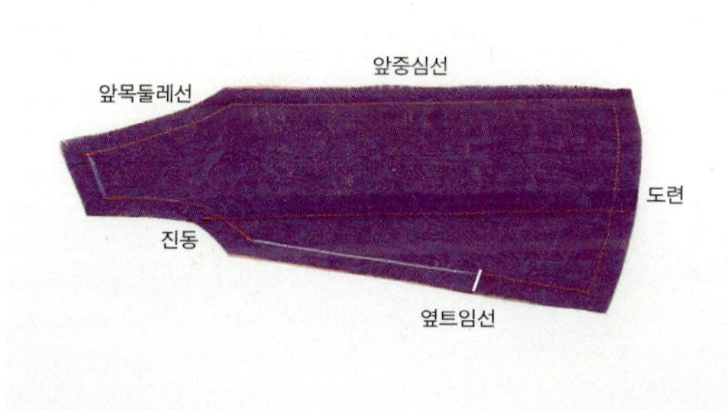

13. 표시된 앞목둘레선, 앞중심선, 도련, 옆트임선을 박음질해줍니다. 안감 시접은 겉감과 같은 크기로 잘라냅니다.

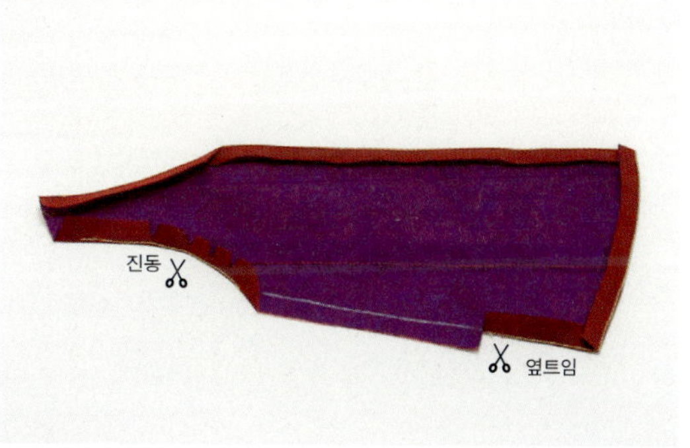

14. 옆트임과 진동에 가위집을 내고, 시접은 겉감 쪽으로 넘겨줍니다.

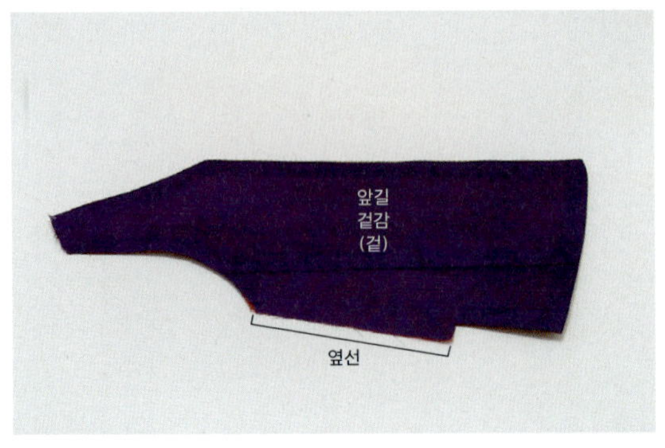

15. 앞길을 옆선 사이로 뒤집은 다음, 안감이 밀려 나오지 않도록 다림질합니다. 나머지 앞길 1장도 같은 방법으로 대칭이 되게 만들어줍니다.

16. 뒷길의 겉감과 안감 사이로 양쪽 앞길을 넣어서 어깨선과 옆선이 4겹이 되도록 만들어줍니다.

17. 왼쪽 옆선을 겹친 4장 중에서 위의 3장(겉감 2장, 안감 1장)만 5cm 정도 박음질을 합니다. 박음질하지 않은 나머지 안감 쪽이 창구멍이 됩니다.

18. 창구멍을 제외한 옆선과 어깨선을 박음질합니다.

19. 박음질한 시접은 겉감 쪽으로 넘겨준 다음 다림질합니다.

20. 창구멍으로 뒤집은 다음, 창구멍은 공그르기해줍니다.

21. 사진과 같이 선단에 단추 위치를 표시해줍니다.

22. 입어서 오른쪽 앞길에 3cm 간격으로 단추 2개를 달아줍니다. 2.5cm 길이로 사슬뜨기한 실에 단추를 걸어서 고정합니다.

23. 반대쪽 선단에 단추가 들어갈 길이로 사슬뜨기한 실을 고정해줍니다.

24. 양쪽 옆트임과 뒷트임 끝을 박쥐 매듭으로 장식해줍니다.(박쥐 매듭은 103쪽을 참고하여 만듭니다.)

바느질 상식 5. **마름질할 때 주의할 점**

1. 무늬가 있는 옷감은 무늬의 위치와 방향을 고려하여 마름질해야 합니다. 따라서 제시한 크기보다 옷감을 넉넉하게 준비하는 것이 좋습니다.

2. 패턴은 큰 것부터 배치하고 여백에 작은 것을 배치하는 것이 효과적입니다.

3. 같은 모양을 2장, 4장씩 마름질해야 하는 길이나 소매, 무 등은 항상 대칭이 되게 합니다.

9
복건

예전의 옷감은 베틀로 짜기 때문에 주로 폭이 좁은 것이 많았는데요. 폭 전체로 만들었다고 하여 '복건幅巾'이라고 부릅니다. 대체로 머리 뒷부분은 둥근 곡선이며, 앞단에 주름을 잡고 끈을 달아 뒤로 돌려 맨 모자 형태를 띱니다. 단 둘레에 길상吉祥 문양의 금박을 찍기도 합니다.

이미지컷 … 20~21쪽

○ 형태와 명칭

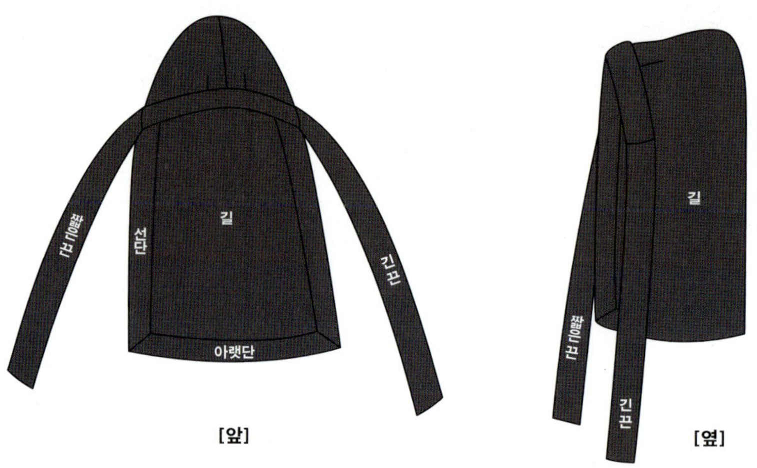

○ 옷감의 양

	베이비돌	파올라레이나
겉감	55cm×40cm	50cm×35cm
실물 패턴	2면 A-7	6면 B-7

※ 옷감의 사이즈는 모두 '폭(너비)×길이'의 순서로 표기돼 있습니다.

한복 상식 5. 복건과 호건

호건은 복건과 거의 같은 모양이나 어린아이가 씩씩하기를 바라는 마음에서 호랑이를 수놓은 것이 특징입니다. 머리 부분에 호랑이의 눈, 눈썹, 수염, 이빨을 수놓고 귀는 검정과 붉은색 옷감으로 만들어 붙였습니다.

○ 마름질하기

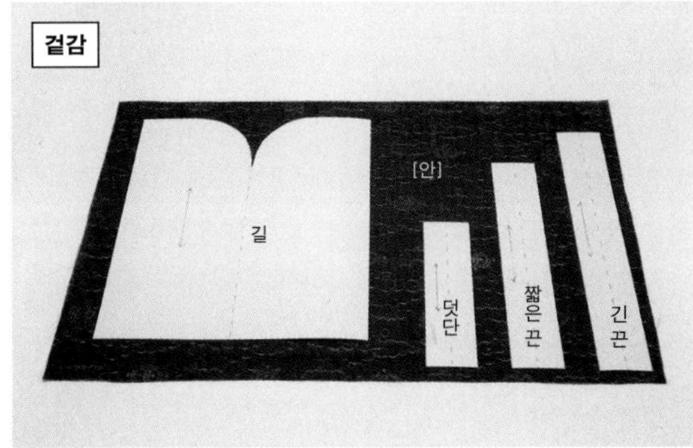

걸감으로 길 1장을 마름질하고, 긴 끈 1장과 짧은 끈 1장, 덧단 1장도 다음의 사이즈로 마름질합니다.(**베이비돌** 긴 끈 7cm×37cm, 짧은 끈 7cm×32cm, 덧단 7cm×19.5cm, **파올라레이나** 긴 끈 6cm×32cm, 짧은 끈 6cm×27cm, 덧단 6cm×15cm)

길의 선단과 아랫단의 시접은 베이비돌 3.5cm, 파올라레이나 3cm로 하고, 끈과 머리 윗부분, 덧단의 시접은 모두 1cm로 합니다.(실물 패턴은 시접이 포함되지 않은 크기입니다.)

○ 바느질하기

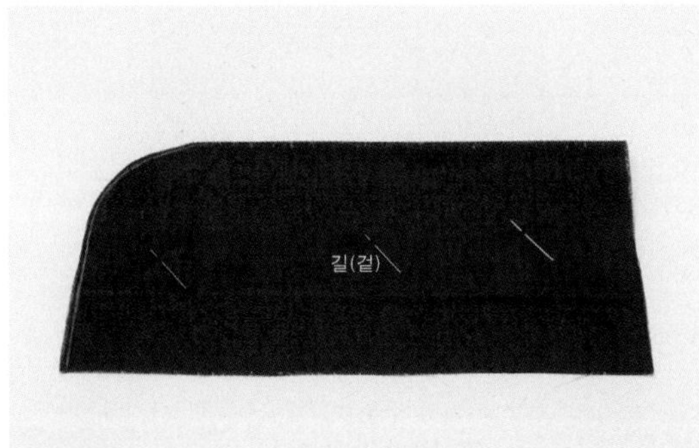

1. 복건의 길을 안과 안이 마주 닿게 반으로 접어줍니다.

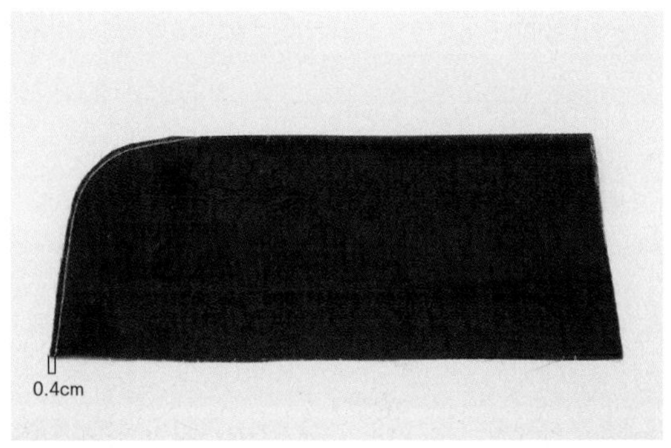

2. 앞중심에서 머리 뒤 곡선을 따라 0.4cm 넓이로 박음질한 뒤, 안감 쪽으로 뒤집어줍니다.

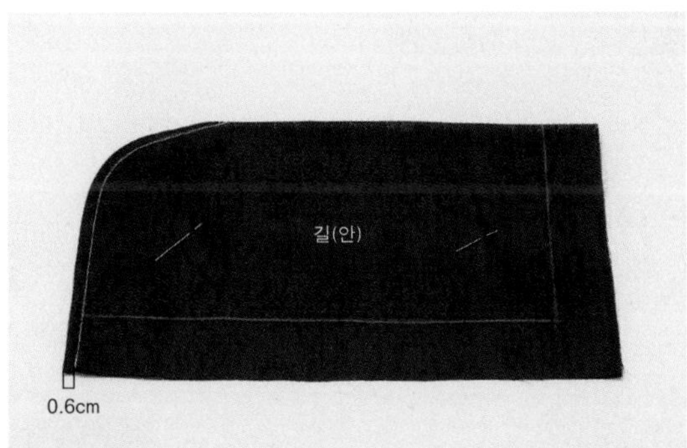

3. 안감 쪽에서 머리 윗부분을 0.6cm 넓이로 박음질하고 시접은 통솔 처리해줍니다.

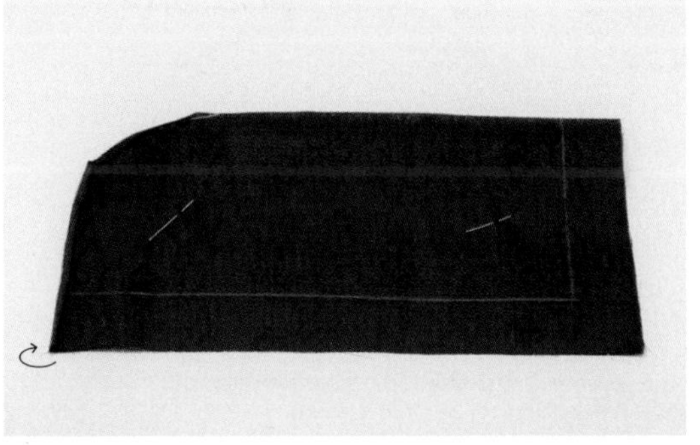

4. 박음질한 시접은 머리에 썼을 때 오른쪽으로 향하게 넘겨줍니다.

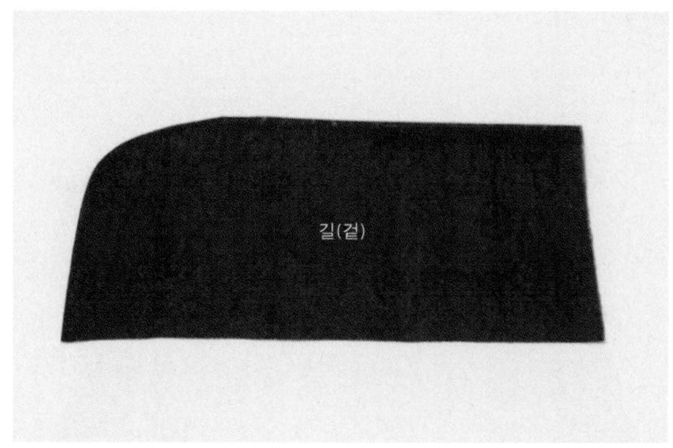

5. 걸감 쪽으로 뒤집어서 다림질합니다.

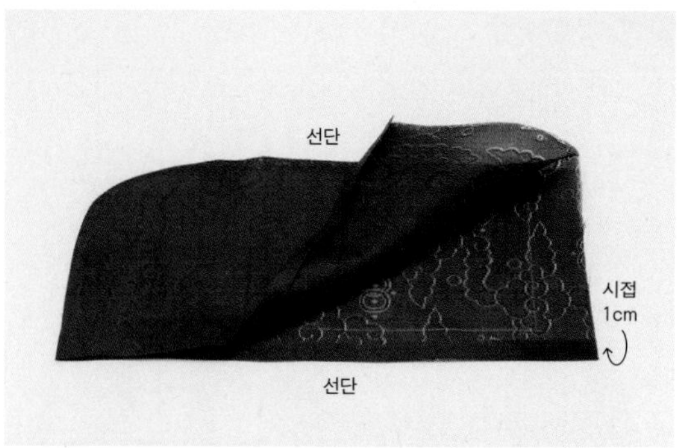

6. 양쪽 선단의 시접을 1cm 접어서 넘겨줍니다.

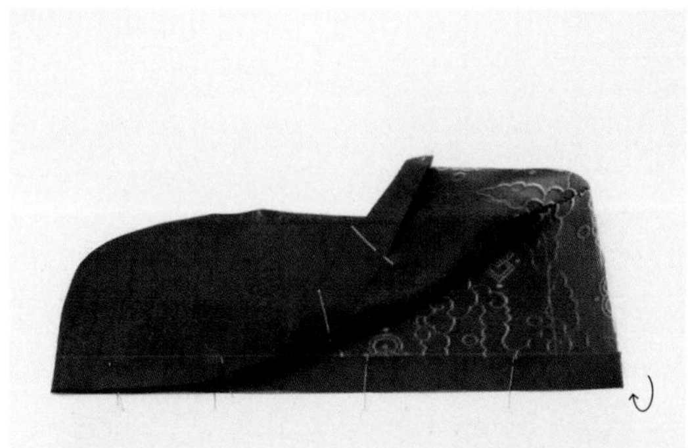

7. 단 너비만큼 다시 접어 넘기는데, 베이비돌은 단 너비 2.5cm, 파올라레이나는 2cm가 되게 합니다.

8. 아랫단 시접을 1cm 접어 넘깁니다.

9. 단 너비만큼 다시 접어 넘깁니다.

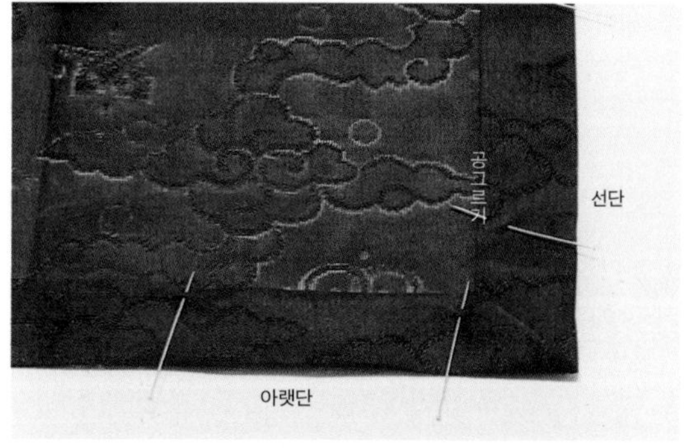

10. 선단과 아랫단이 만나는 모서리는 대각선으로 접은 다음, 접은 선단과 아랫단은 공그르기합니다.

11. 끈의 너비는 단 너비와 같은 크기로 하여, 창구멍을 남겨 놓고 박음질해줍니다.

12. 시접을 접고 뒤집어서 다림질합니다.

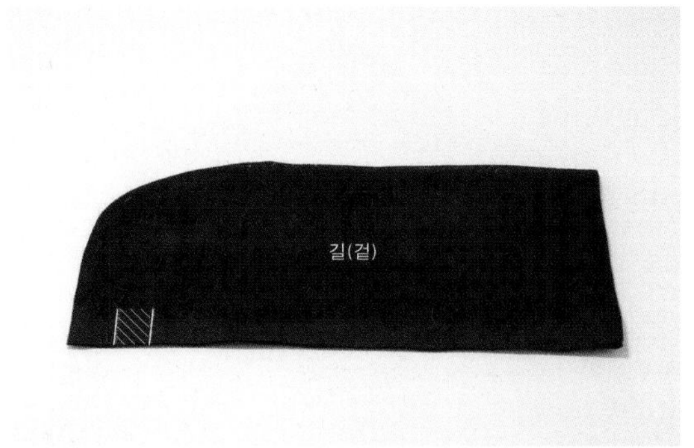

13. 패턴에 표시된 주름 위치를 옮겨 그립니다. 베이비돌은 4개, 파올라레이나는 2개의 주름을 잡아줍니다.

14. 주름 방향에 유의하면서, 양쪽이 대칭되도록 주름을 잡아 박음질합니다. 베이비돌은 끈을 아래쪽 주름 사이에 넣고 박음질해주세요.

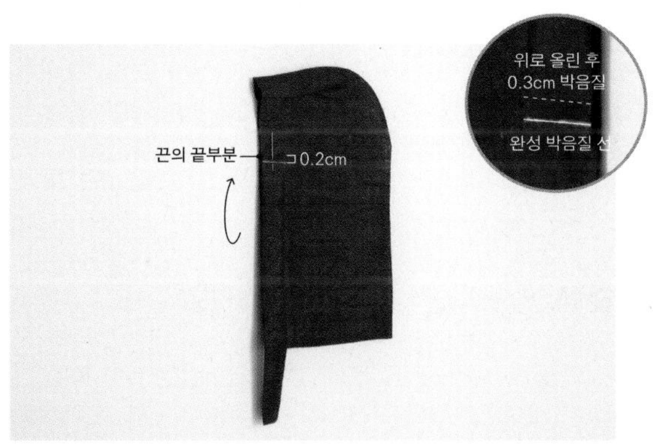

15. 파올라레이나는 끈의 위치를 잡은 다음, 창구멍이 머리쪽을 향하게 놓고 끈의 끝부분에서 0.2cm 들어와 박음질하세요. 그리고 다시 끈을 위로 올려 완성 박음질선으로부터 0.3cm 지점에서 박음질합니다.

16. 복건을 머리에 썼을 때 짧은 끈이 오른쪽, 긴 끈이 왼쪽으로 향하게 달아줍니다.

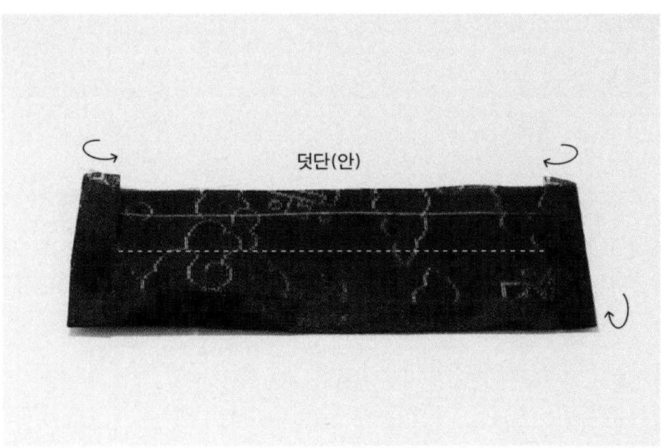

17. 덧단은 시접이 1cm가 되도록 한 쪽만 남겨 놓고 접어줍니다.

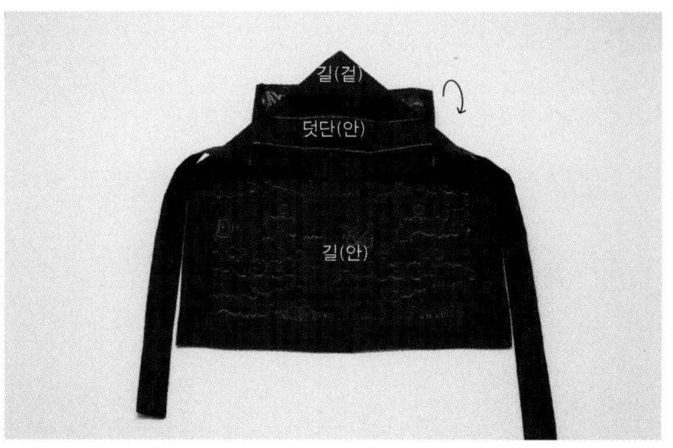

18. 길의 앞중심에 덧단의 시접을 놓고 박음질합니다.

19. 덧단을 반으로 접은 다음, 안쪽에서 안단선을 따라 공그르기합니다.

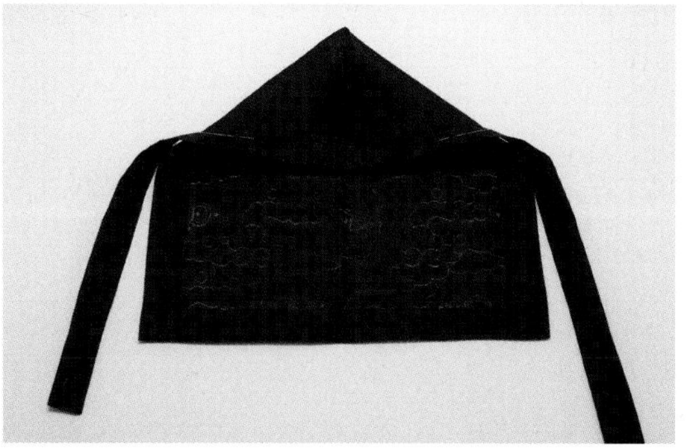

20. 끈이 달린 부분의 겉과 안쪽도 공그르기합니다.

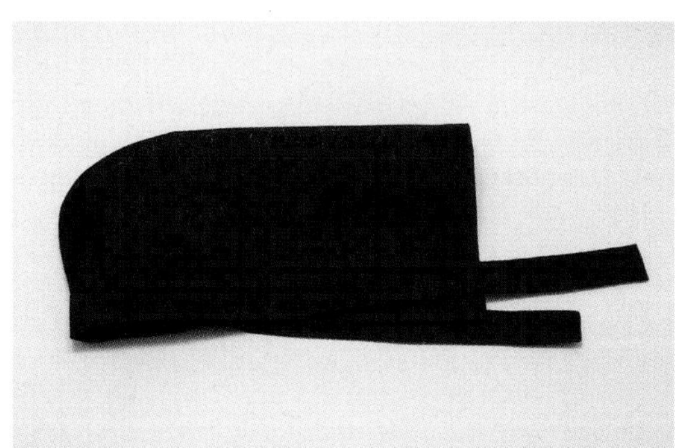

21. 다림질하여 마무리합니다.

박쥐 매듭 만들기

예로 부터 박쥐는 한자로 복福과 발음이 같아서 오복을 가져다주는 동물이라고 생각하였습니다. 따라서 전통 한복과 장신구에 많이 사용되는 소재이기도 한데요. 주로 빨간색의 조각천을 이용하여 옷의 트임 부분에 장식으로 달아줍니다. 조각천 양쪽 끝을 밀어 올려서 둥글게 만든다고 하여 '쌍밀이 매듭'이라고도 합니다.

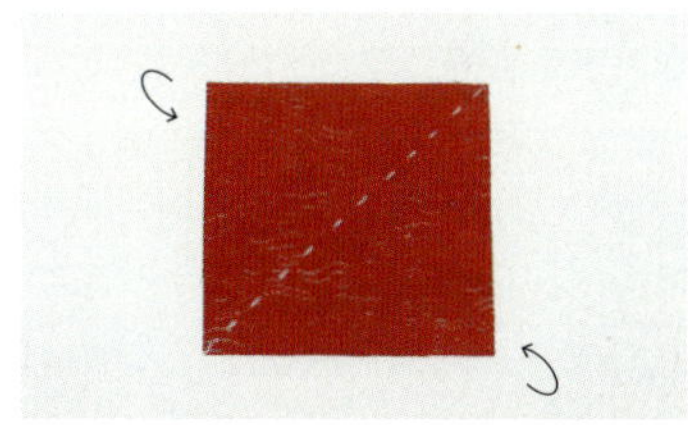

1. 먼저 3cm×3cm의 정사각형 조각천을 준비합니다.

2. 대각선 끝을 잡고 단단하게 말아서 중심까지 올린 다음 핀으로 고정해줍니다.

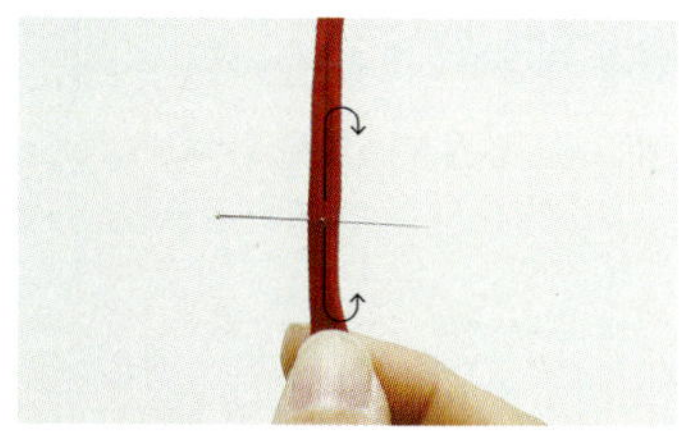

3. 양쪽 끝을 같은 방법으로 만들어 모양이 대칭이 되도록 합니다.

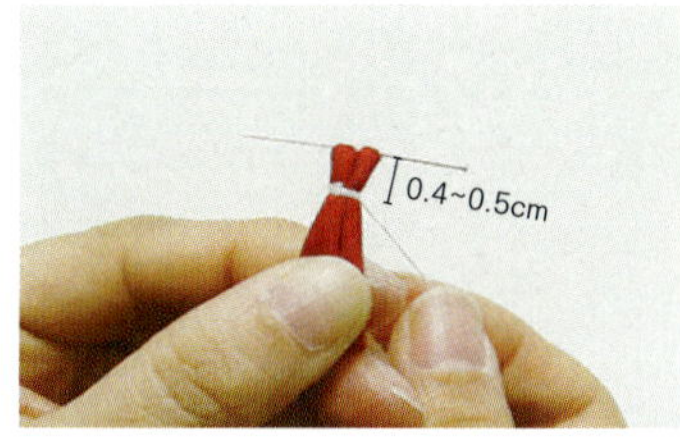

4. 중심까지 말아 올린 것을 반으로 접습니다. 그 다음 0.4~0.5cm 내려온 부분을 실로 여러 번 감아서 고정시켜줍니다.

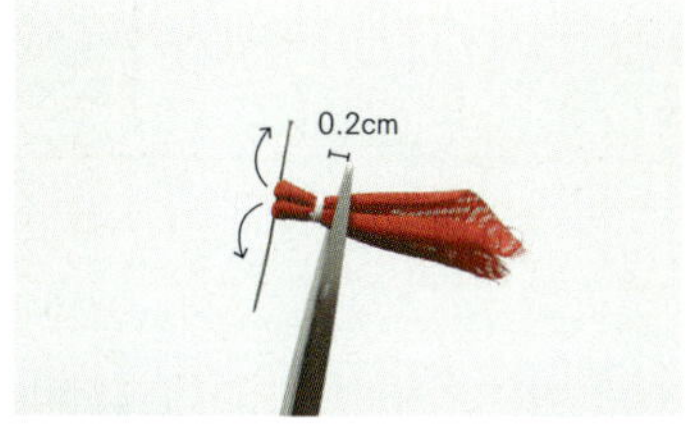

5. 시접은 0.2cm 정도만 남기고 나머지 부분은 잘라냅니다. 남은 시접에 풀칠을 한 뒤 다리미로 눌러주세요. 올이 풀리는 것을 방지할 수 있습니다.

6. 말아 놓은 부분을 양쪽으로 펼친 다음, 장식할 부분에 ∞자 모양으로 달아줍니다.

전통 매듭의 종류

우리나라에서 전해져 내려오는 기본형 매듭은 38종에 이르는데, 매듭의 이름은 모두 나비, 잠자리, 병아리, 단추, 연꽃 봉오리 등 꽃이나 곤충, 일상 물건에서 따왔습니다. 가장 자주 사용되는 전통 매듭 6가지를 소개합니다.

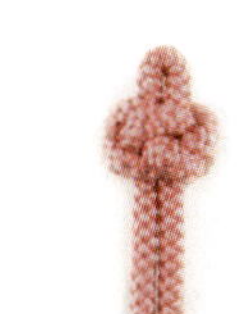

연봉매듭

도래매듭

생쪽매듭

날개매듭

국화매듭

나비매듭

10
조바위

추위를 막아주는 방한용 모자인 '조바위'는 전체적으로 머리와 볼을 감싸는 형태이지만 윗부분은 트여 있습니다. 겉감은 검정이나 자주색 옷감을, 안감은 남색을 주로 사용합니다. 옷감 위에는 금박을 찍거나 수를 놓습니다. 산호구슬, 비취, 옥 등을 달아주기도, 술을 늘어뜨려 장식하기도 합니다.

이미지컷 ··· 22~23쪽

○ 형태와 명칭

○ 옷감의 양

	베이비돌	파올라레이나	네오 블라이스	미디 블라이스
겉감	55cm×35cm	35cm×25cm	45cm×30cm	35cm×20cm
안감	55cm×20cm	35cm×15cm	45cm×15cm	35cm×12cm
실물 패턴	3면 A-8	7면 B-8	8면 C-3	8면 D-3

※ 옷감의 사이즈는 모두 '폭(너비)×길이'의 순서로 표기돼 있습니다.

○ 마름질하기

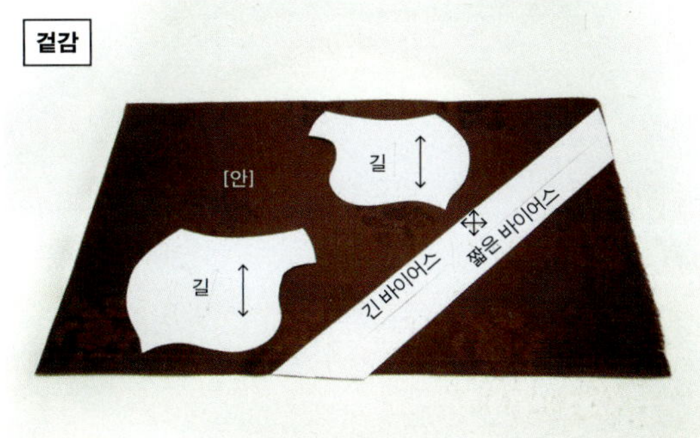

겉감으로 길 2장을 대칭이 되게 마름질하고, 바이어스 천 2장을 방향에 유의하여 다음의 사이즈로 마름질합니다.(**베이비돌** 3cm×45cm, 3cm×50cm, **파올라레이나** 2.5cm×20cm, 2.5cm×35cm, **네오 블라이스** 2.5cm×25cm, 2.5cm×40cm, **미디 블라이스** 2.5cm×18cm, 2.5cm×26cm)

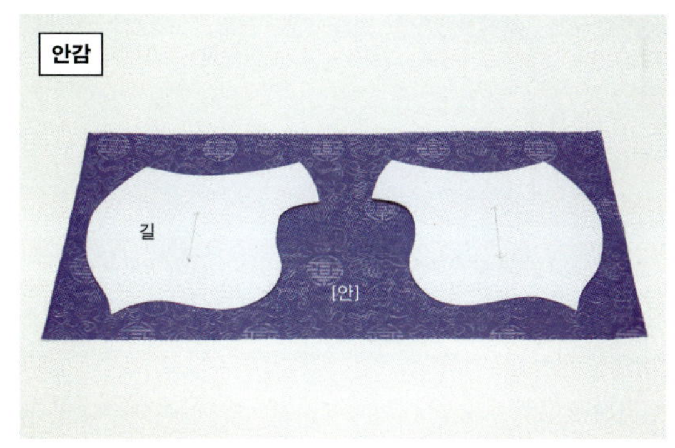

안감으로 길 2장을 대칭이 되도록 마름질해줍니다.

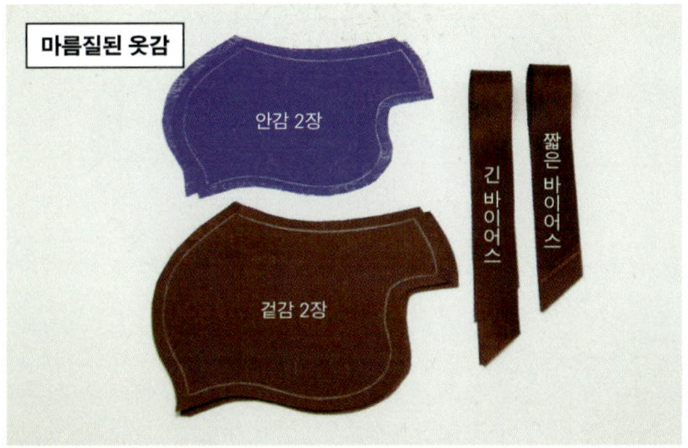

시접은 베이비돌 1cm, 파올라레이나와 블라이스 0.5cm로 합니다.(실물 패턴은 시접이 포함되지 않은 크기입니다.)

○ 바느질하기

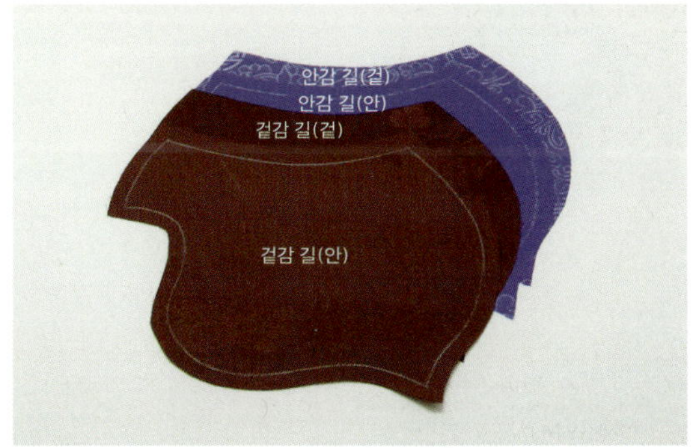

1. 겉감(안)-겉감(겉)-안감(안)-안감(겉)의 순서대로 원단을 겹쳐 놓습니다.

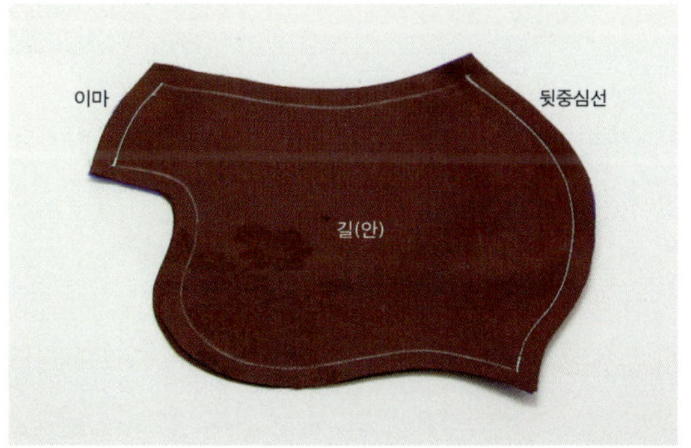

2. 이마와 뒷중심선을 시접을 제외한 완성선까지만 박음질해 줍니다.

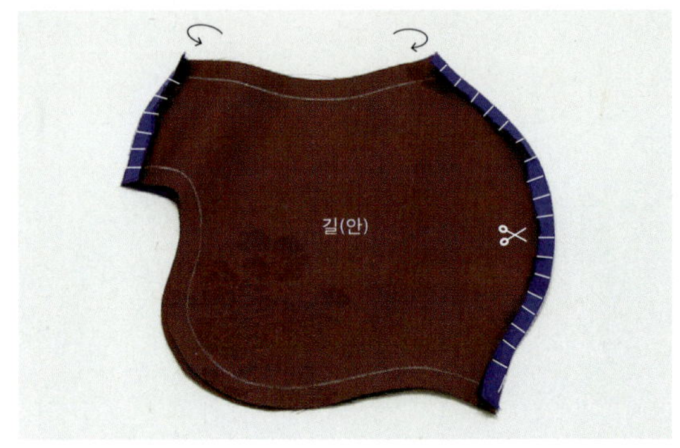

3. 시접에 가위집을 주고, 겉감 쪽으로 넘겨 다림질합니다.

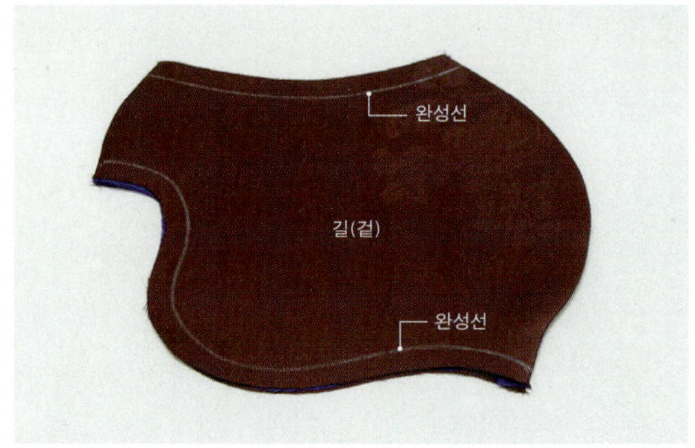

4. 겉으로 뒤집어서 다림질하고, 겉감 쪽에서 정수리 부분과 볼 부분의 완성선을 그려줍니다. 이마와 뒷중심선의 시접은 머리에 썼을 때 오른쪽으로 향하게 합니다.

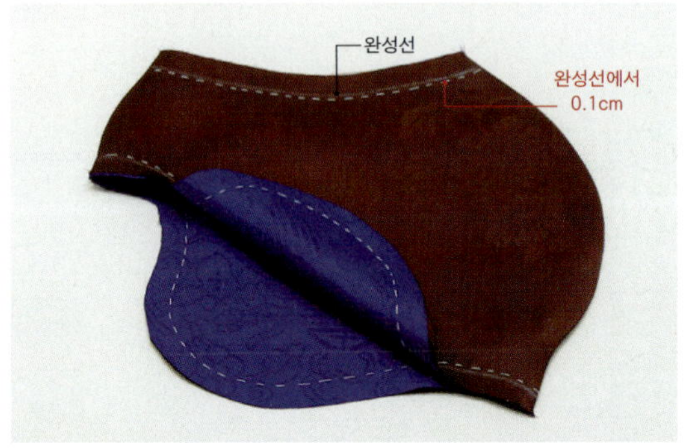

5. 완성선에서 0.1cm 안쪽에서 겉, 안감 2장씩을 홈질로 고정해줍니다.

6. 정수리 부분과 볼 부분의 시접을 완성선까지 잘라냅니다.

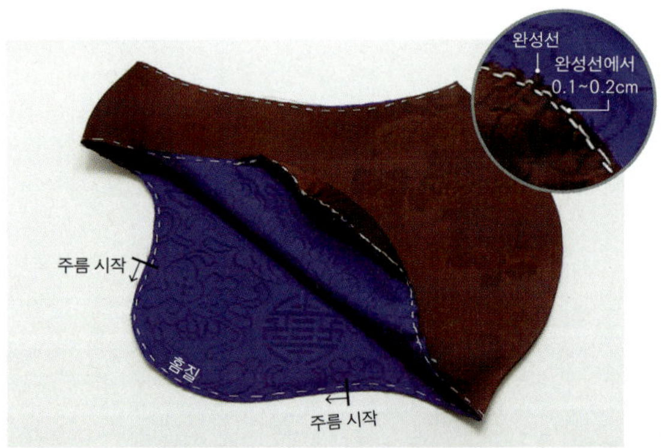

7. 패턴의 '주름 시작'을 표시하고, 볼 부분의 완성선에서 0.1~0.2cm 들어간 지점에 홈질합니다. 홈질한 실을 잡아당기면서 오그린 부분의 너비를 1~2cm로 고정시켜, 조바위를 씌웠을 때 볼 부분이 살짝 감싸지도록 합니다.

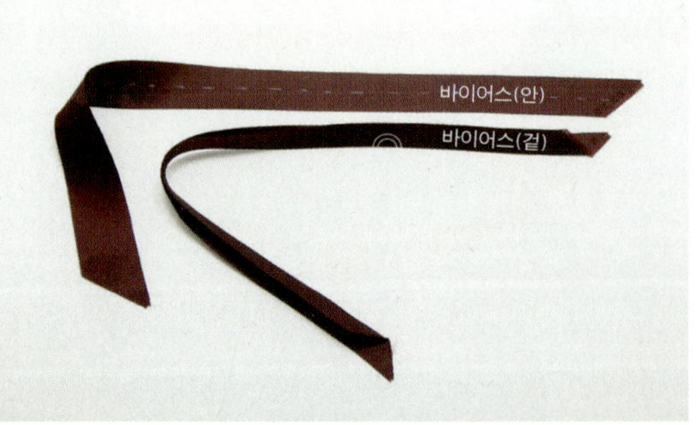

8. 바이어스 천을 안과 안이 맞닿게 폭을 반으로 접은 다음 다림질합니다. 짧은 바이어스 천은 정수리 부분, 긴 바이어스 천은 볼 부분에 사용합니다.

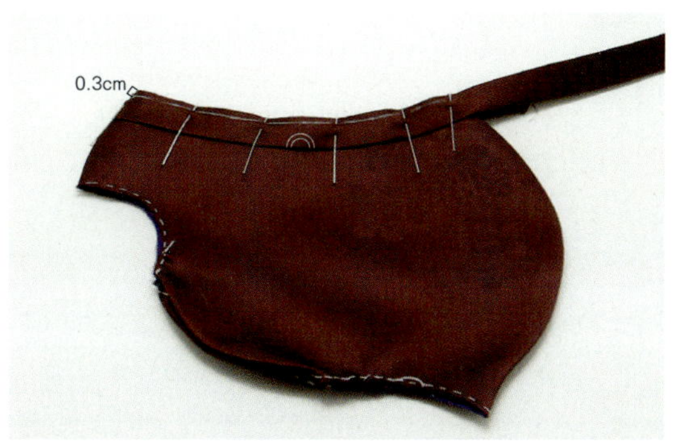

9. 짧은 바이어스 천을 정수리 부분에 놓고 가장 자리에서 0.3cm 안쪽을 박음질합니다.

10. 정수리 둘레를 박음질하고 남은 시접은 0.5cm로 정리한 다음, 뒷중심선에서 바이어스 천끼리 박음질해줍니다.

11. 연결한 바이어스 천의 시접은 가름솔 처리해줍니다.

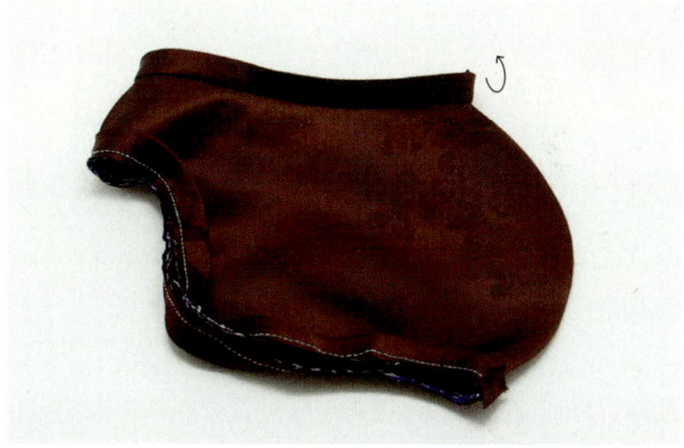

12. 바이어스 천을 시접 쪽으로 넘겨 다림질합니다.

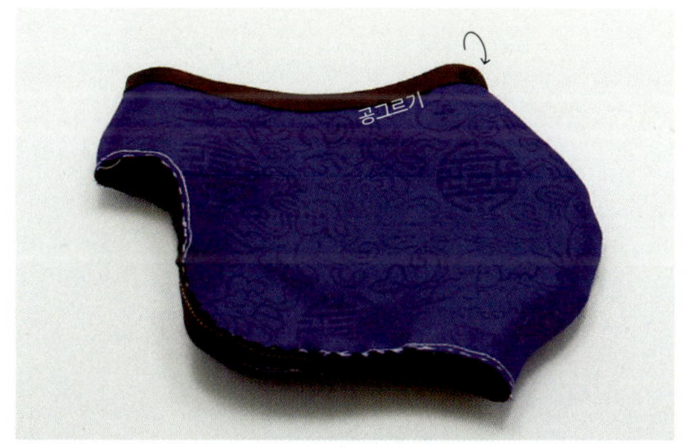

13. 바이어스 천의 골선 부분을 안감 쪽으로 넘겨서 공그르기해줍니다. 정수리와 볼 부분의 바이어스 천도 같은 방법으로 완성합니다.

14. 끈목, 산호나 진주 구슬을 꿰어 옆으로 늘어뜨리고, 이마와 뒷중심에 술을 달아 장식합니다. 금박을 찍어도 좋습니다.

11
배씨댕기

'배씨댕기'는 어린아이들의 앞머리 가르마 부근에 얹어 사용하던 머리 장식을 말합니다. 사각이나 원형의 판에 배씨 모양의 은칠보 장식이 올라가며, 양쪽에 달린 끈으로 머리카락과 함께 땋아 착용합니다.

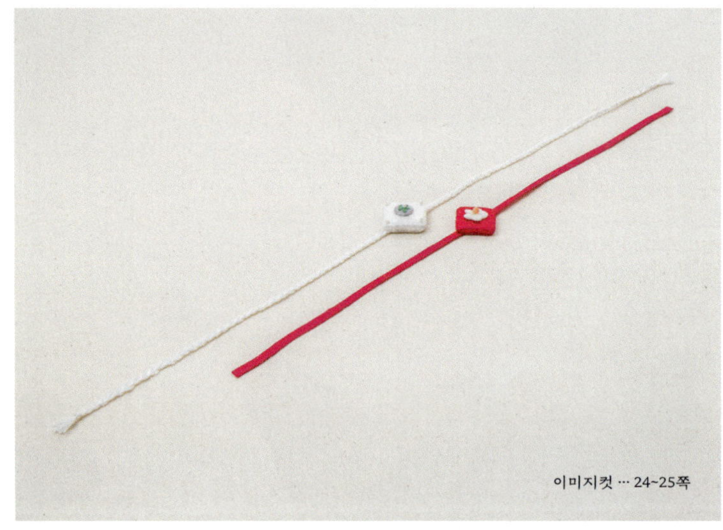
이미지컷 … 24~25쪽

○ 재료

옷감, 두꺼운 종이, 퀼트솜, 구슬장식

	베이비돌	파올라레이나, 블라이스
옷감	12cm×47cm	7cm×42cm

※ 옷감의 사이즈는 모두 '폭(너비)×길이'의 순서로 표기돼 있습니다.

○ 마름질하기

옷감을 다음의 사이즈로 마름질해줍니다.(**베이비돌** 8cm×8cm 1장, 5cm×5cm 1장, 끈 3cm×46cm 1개, **파올라레이나**, **블라이스** 5cm×5cm 1장, 3.5cm×3.5cm 1장, 끈 2cm×41cm 1개) 끈 완성 크기는 베이비돌 1cm×45cm, 파올라레이나, 블라이스 0.5cm×40cm가 되게 하고, 끈 시접은 모두 0.5cm로 합니다.

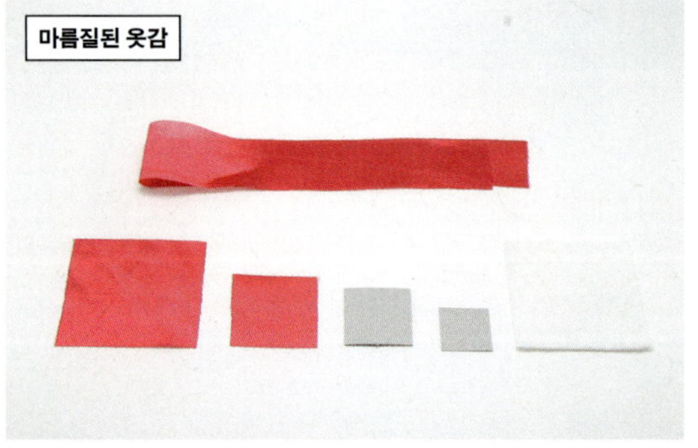

퀼트솜과 두꺼운 종이를 다음의 사이즈로 마름질합니다.(**베이비돌** 퀼트솜 8cm×8cm 1장, 두꺼운 종이 4cm×4cm 1장, 3cm×3cm 1장, **파올라레이나**, **블라이스** 퀼트솜 5cm×5cm 1장, 두꺼운 종이 2.5cm×2,5cm 1장, 2cm×2cm 1장)

○ 바느질하기

1. 정사각형 모양의 옷감, 두꺼운 종이, 솜은 모서리 부분을 둥글게 자릅니다.

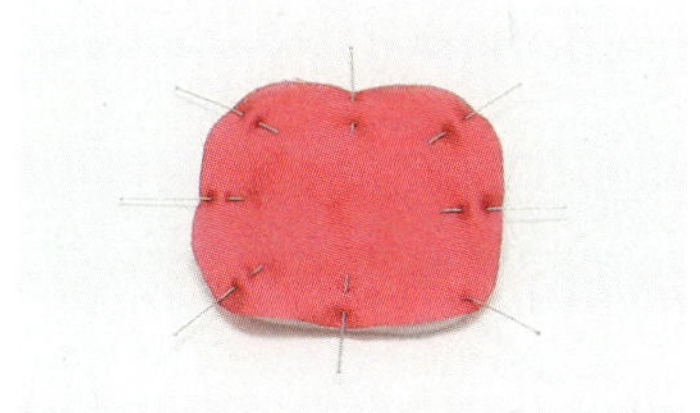

2. 솜과 같은 사이즈의 옷감을 겹쳐서 핀으로 고정시킵니다.

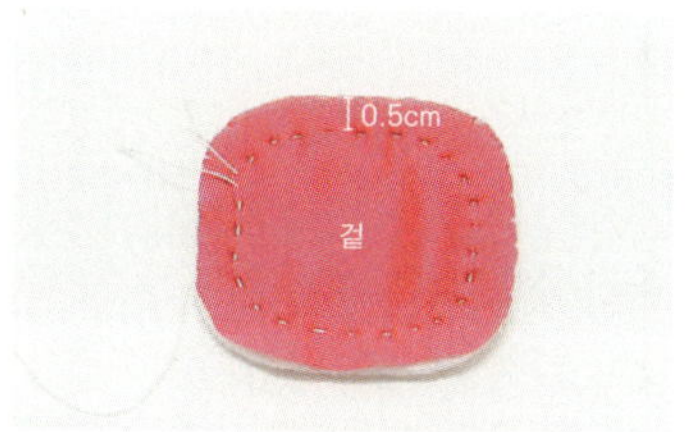

3. 가장자리 둘레를 0.5cm 안쪽에서 홈질합니다.

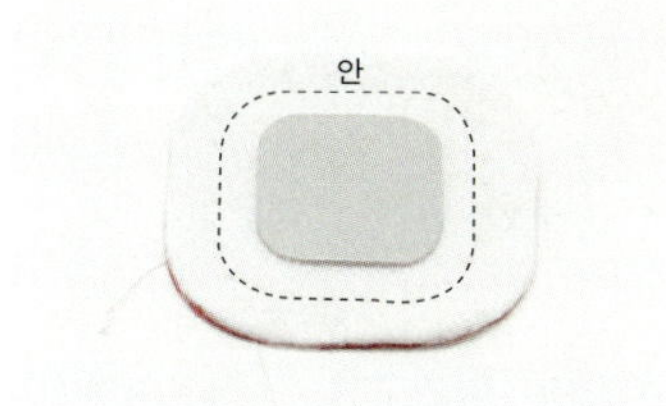

4. 솜의 안쪽에 큰 사이즈의 종이판을 놓고, 홈질한 실을 잡아당깁니다.

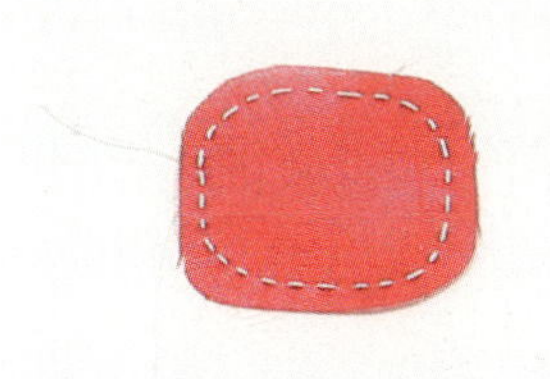

5. 작은 사이즈의 정사각형 옷감의 가장자리 둘레를 0.5cm 안쪽에서 홈질해줍니다.

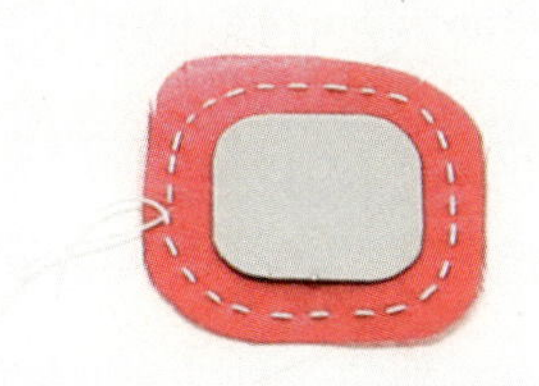

6. 옷감의 안쪽에 작은 사이즈의 종이판을 놓고, 홈질한 실을 잡아당깁니다.

7. 홈질한 실을 고정시켜줍니다.

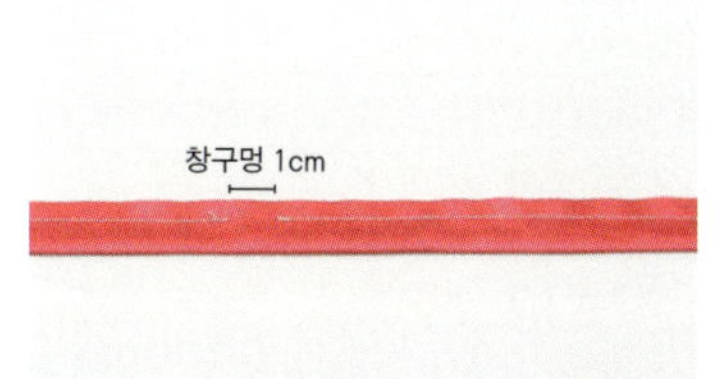

8. 끈을 겉과 겉이 마주 닿게 접은 후, 창구멍을 1cm 남겨 놓고 완성선을 박음질합니다. 뒤집어서 모양을 잡아 완성합니다.

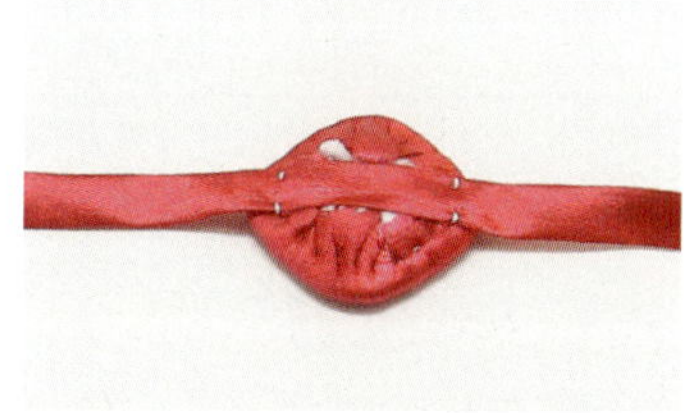

9. 솜으로 싼 배씨댕기 판의 안쪽에서 끈을 사선 방향으로 놓고 고정합니다.

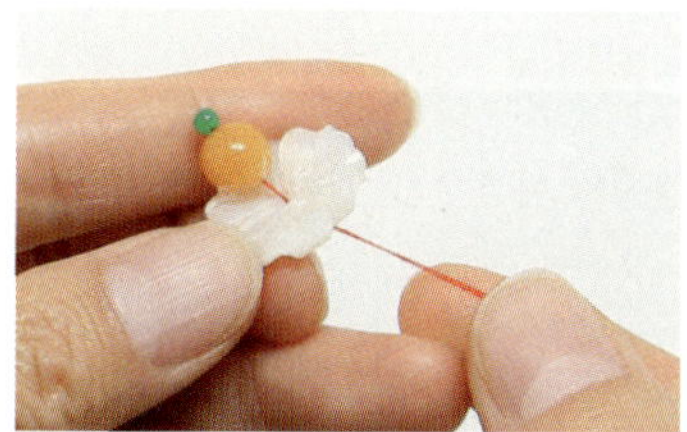

10. 구슬 장식을 배열하여 실을 꿰어줍니다.

11. 배씨댕기 판의 겉면에서 중심점을 표시하고 송곳으로 구멍을 뚫어줍니다. 구슬장식 연결한 선을 구멍 사이로 빼내고 안쪽에서 구슬이 움직이지 않게 단단하게 고정합니다.

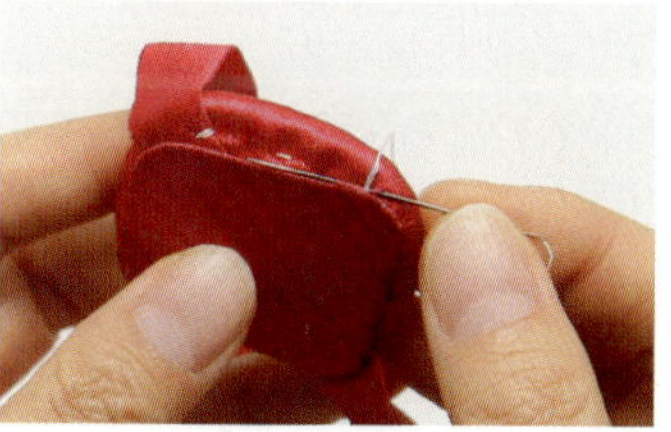

12. 배씨댕기 판과 작은 판을 안과 안이 마주 보게 하고 가장자리를 공그르기합니다.

12
댕기

끝부분을 제비부리 모양으로 뾰족하게 접어서 만든 장식 끈으로, 세 가닥으로 땋아 내린 머리 끝에 드리워줍니다. 주로 붉은색 옷감을 사용하고 금박을 찍기도 합니다.

이미지컷 … 26쪽

○ 옷감의 양

	베이비돌	파올라레이나, 네오 블라이스	미디 블라이스
겉감	13cm×47cm	9cm×29cm	7cm×18cm

※ 옷감의 사이즈는 모두 '폭(너비)×길이'의 순서로 표기돼 있습니다.

○ 마름질하기

마름질된 옷감

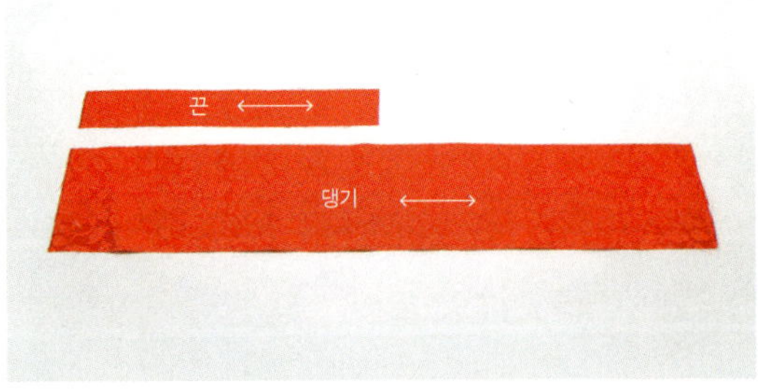

다음의 사이즈를 참고하여 댕기 1장과 끈 1장을 식서 방향에 맞게 마름질합니다.(**베이비돌** 댕기 9cm×47cm, 끈 4cm×27cm, **파올라레이나, 네오 블라이스** 댕기 7cm×29cm, 끈 2cm×21cm, **미디 블라이스** 댕기 5cm×18cm, 끈 2cm×21cm) 시접은 베이비돌 1cm, 파올라레이나, 블라이스 0.5cm로 하고, 끈 시접은 모두 0.5cm로 합니다.

한복 상식 6. 댕기의 종류

댕기는 용도에 따라 쪽댕기, 큰댕기, 앞댕기, 도투락댕기, 말뚝댕기, 제비부리댕기 등으로 나뉩니다. '쪽댕기'는 쪽진 머리를 곱게 하기 위해 사용하며, '큰댕기'와 '앞댕기'는 혼례 때 신부가 착용합니다. '도투락댕기'와 '말뚝댕기'는 어린이용 댕기, '제비부리댕기'는 미혼자의 땋은 머리에 드리는 댕기를 지칭합니다.

○ 바느질하기

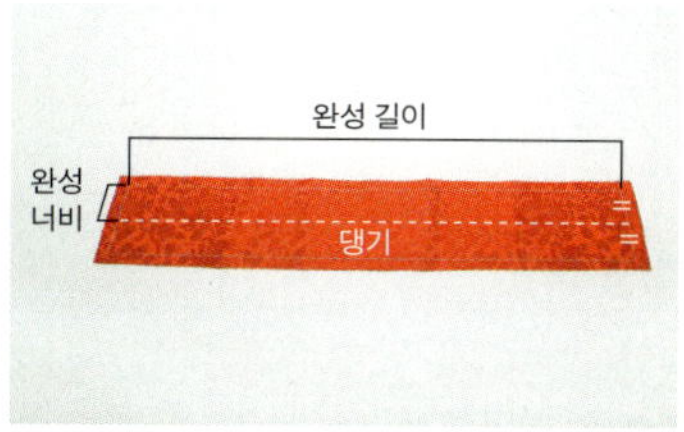

1. 마름질한 옷감에 완성선을 표시합니다.(댕기 완성 크기 **베이비돌** 3.5cm×45cm, **파울라레이나**, **네오 블라이스** 3cm×28cm, **미디 블라이스** 2cm×17cm)

2. 댕기감을 겉과 겉이 마주 닿게 반으로 접은 다음, 가운데 창구멍 3cm를 두고 완성선을 박음질합니다.

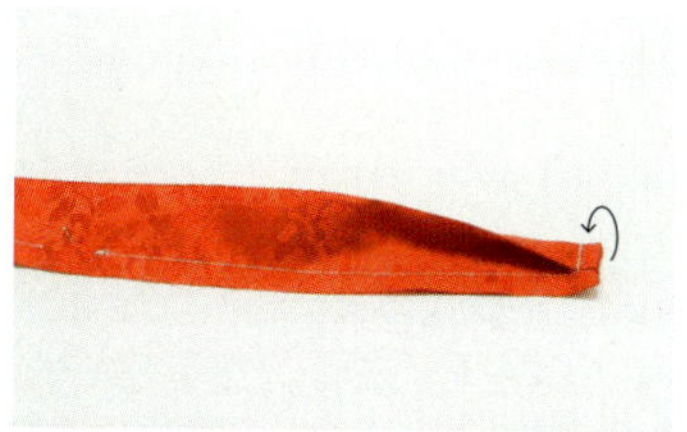

3. 양쪽 끝부분을 시접을 남기고 반으로 접은 다음, 박음질된 선 위를 다시 한 번 박음질해줍니다.

4. 사진처럼 시접을 삼각형으로 접어서 다림질하고 창구멍으로 뒤집어줍니다.

5. 양끝을 뾰족하게 잡아당겨서 제비부리 모양을 만들고, 창구멍은 공그르기합니다.

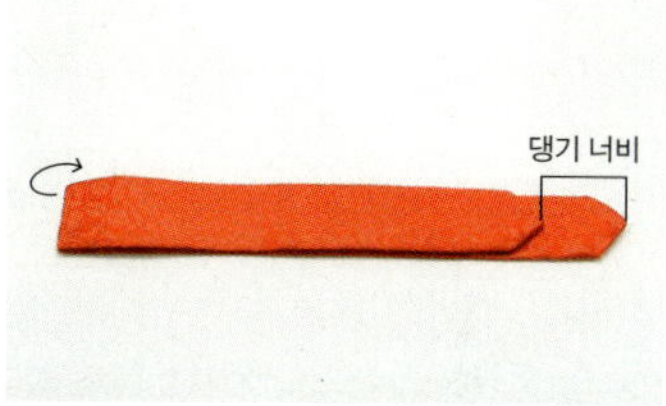

6. 댕기 너비만큼의 차이를 두고 한 번 접어줍니다.

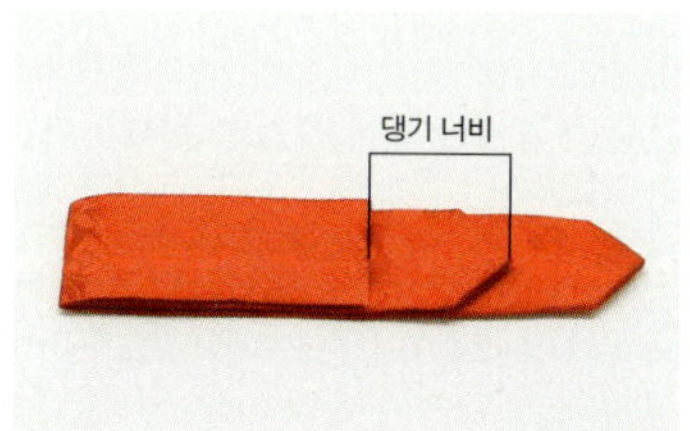

7. 접힌 부분을 댕기 너비만큼 차이를 두고 다시 한 번 접어줍니다.

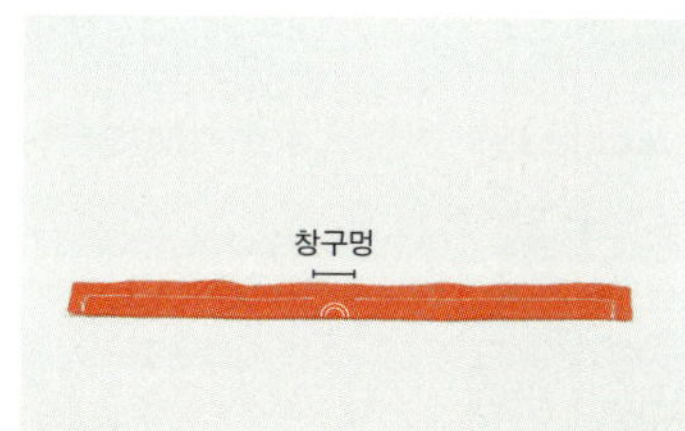

8. 끈을 겉과 겉이 마주 닿게 반으로 접은 다음, 가운데 창구멍 1cm를 두고 완성선을 박음질합니다. 겉으로 뒤집어서 창구멍은 공그르기합니다.(끈 완성 크기 **베이비돌** 1cm×25cm, **파울라레이나**, **네오 블라이스** 0.5cm×20cm, **미디 블라이스** 0.5cm×17cm)

9. 접힌 댕기를 펼친 다음, 끈의 솔기가 위를 향하게 하여 접힌 선과 중심을 맞춰줍니다.

10. 가장자리 4군데를 고정시킵니다.

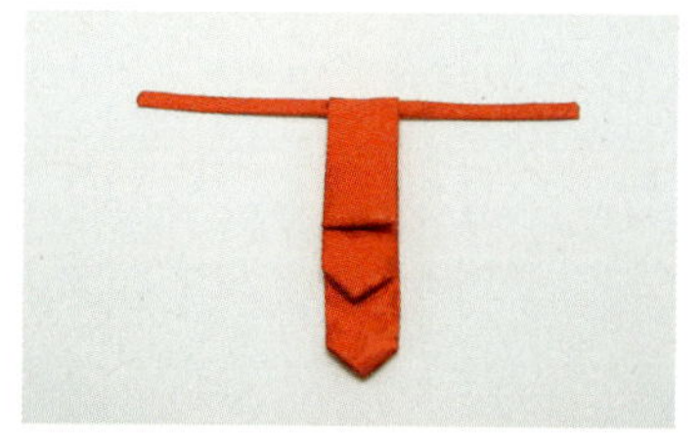

11. 완성하여 다림질합니다.

인형, 한국의 미를 품다

본 갤러리는 <선: 미인형전>(2018.5.19-6.16 / 성북동 미술과 공간)에 소개된 한복 인형 11여 점 중 일부를 모은 것입니다.

전시에서 소개된 인형들은 몸과 얼굴 페인팅, 한복 의상, 가발 등 각 분야의 예술가들이 협업하여 머리부터 발끝까지 수작업으로 탄생하였습니다. 일반적으로 바비, 미미 등으로 분류될 수 있는 패션 돌Fashion Doll의 개념에서 비롯되었지만, 우리의 얼굴을 하고 우리의 옷을 입고 있는 한복 인형들은 한국 미의 새로운 가능성을 보여줍니다.

밝고 화사한 색의 한복을 입은 인형들은 무당, 승무, 기생, 광대, 염라대왕 등의 직업 군으로 표현되어 있습니다. 작가들은 인형에게 나이와 직업, 성격 등 인격체를 부여하고 저마다의 스토리를 담아내며 현대적으로 재해석하였습니다.

인형의 머리카락은 맞춤 가발 경력 15년 이상의 가발 장인들(인텔리위그)이 인모를 인형의 머리에 옮겨 심고 스타일링하였습니다.

인형의 몸은 오랫동안 구체관절인형을 제작해온 이지수 작가의 작품입니다. 3D 모델링 프로그램과 원형 인쇄를 반복하며 최대한 사실적인 과정을 거쳤으며, 레진과 실리콘 틀을 이용해 관절을 만들고 조립하여 완성하였습니다.

인형의 얼굴 리페인팅은 김태기 작가의 손을 거쳤습니다. 한국의 미인상을 가장 잘 나타내기 위해 다양한 얼굴을 수집하고, 수많은 표정과 특징 분석을 토대로 가상의 얼굴을 뽑아냈습니다. 그 다음 수차례의 수정을 거친 후 화장기 없는 얼굴을 만들고, 최종 의상과 헤어 콘셉트가 정해지면 그에 어울리는 색조로 실제 메이크업과 똑같이 페인팅하였습니다.

부풍. 갤러리

마지막으로 의상은 다양한 한복 아티스트(각시놀이 허영미 작가, 도깨비주단 도예린 작가)가 실크 원단들을 인형의 사이즈와 비율에 맞춰 재단한 패턴으로 완성하였습니다.

한국인의 공통점이 무엇인지 고민하였고,
잠정적으로 내린 결론은 '한恨'이었습니다.
'한'은 다양한 감정이 혼재된 현재의 우리들이
그것들을 지긋이 누르며, 출렁이는 파도와
같은 감정을 고요하게 만드는 것과 비슷합니다.
분노나 슬픔을 참아내는 것만이 아닌, 소망이나
행복을 묵묵히 그리고 간절히 기다리는 모습이
마치 '말하지 않는 인형'과 닮아 보였습니다.

– 리페인팅 작가 김태기